초등 역사교육의 이해

초등 역사교육의 이해

초등 역사교육의 이해

초판 1쇄 발행　2009년 2월 25일
초판 4쇄 발행　2021년 11월 15일

저　자 | 김덕진
발행인 | 윤관백
펴낸곳 | 선인

등록 | 제5-77호(1998.11.4)
주소 | 서울시 마포구 마포동 324-1 곶마루 B/D 1층
전화 | 02)718-6252 / 6257　　팩스 | 02)718-6253
E-mail | sunin72@chol.com
Homepage | www.suninbook.com

정가　13,000원
ISBN　978-89-5933-150-5　94370
　　　978-89-5933-198-7　(세트)

· 잘못된 책은 바꿔 드립니다.

초등 역사교육의 이해

김 덕 진

머리말

 필자는 교육대학에서 예비 초등교사들에게 역사교육을 강의해오고 있다. 그런데 마땅한 개설서가 없어 강의 때마다 교재 선택으로 고민해왔다. 그렇다고 역사교육 개설서가 없는 것은 아니지만, 그것들은 대부분 중등 중심이거나 이론 중심이다. 역사교육이라는 큰 테두리 안에서 보면 초등과 중등에 별다른 차이가 없겠지만, 자세히 들여다보면 양자 사이에 적지 않은 고유 특성이 존재한다. 게다가 전문 역사교사가 아닌 초등교사에게 역사교육이론을 심도 있게 강의한다는 것도 한계가 있다. 이러한 점 때문에 본서를 집필하게 되었다.

 이 책은 교육대학생을 대상으로 하는 필자의 강의 교재용으로 집필된 것이다. 그러므로 역사교육에 관한 이론적인 분야에 대해서는 많은 지면을 할애하지 않았다. 대신 초등 역사교육의 특성과 그것에 적합한 수업방법에 초점을 두었다. 필자는 그간의 연구와 강의 경험, 그리고 국내외 연구성과를 토대로 학교에서 역사를 처음 대하는 초등학생들이 역사에 대하여 흥미와 관심을 갖고 탐구활동을 시작할 수 있게 하는 방안이 무엇인가를 중심으로 이 책을 집필했다.

이 책은 광주교육대학교 역사문화교육연구소의 역사문화교육총서 제1권으로 초등 역사교육에 관한 국내 최초의 개설서가 아닌가 하는 생각이 든다. '초등학교다운 역사수업'을 제시한 것이지만 강의 일정에 맞춘 나머지 다루지 못한 주제가 있을 뿐만 아니라 전체적으로 미흡한 점이 많다. 집필에 인용한 연구성과를 각주로 제시하지 않고 참고문헌에 일괄로 수록한 점도 아쉽다. 부족한 점은 차츰차츰 수정·보완하여 초등 역사교육의 알찬 지침서가 되도록 노력하겠다. 원고를 꼼꼼히 읽고 지적해준 안정애 박사님께, 광주교육대학교 역사문화교육연구소의 역사문화교육총서 첫 작품으로 출판할 수 있도록 배려해 준 연구소 여러분께 감사드린다.

2009년 2월
김덕진

차 례

1장 초등 사회과와 역사 · 13

1. 사회과의 성격 · 13
   1) 사회과의 개념 · 13
   2) 사회과의 학습요소 · 14
   3) 사회과의 학습전략 · 17
2. 사회과의 목표 · 20
   1) 교육 목표의 위계화 · 20
   2) 사회과의 종합 목표 · 21
   3) 사회과의 영역 목표 · 23

2장 초등 역사교육의 필요성 · 29

1. 역사, 역사학, 역사교육 · 29
2. 역사교육의 목적 · 31
3. 역사교육의 의의 · 34

3장 초등학생의 역사의식과 발달 단계 · 39

1. 역사의식의 의미 · 39
2. 역사의식의 6단계 · 41
3. 초등학생의 역사의식 · 44
   1) 학년별 역사의식 · 44
   2) 단계별 학습대상 · 46

4장 초등 역사학습의 내용 ························ 51

1. 내용선정의 기준 · 51
   - 1) 일반적 기준 · 51
   - 2) 역사적 기준 · 52
2. 내용조직의 원리 · 55
   - 1) 사회과의 원리 · 55
   - 2) 역사학습의 원리 · 57
3. 역사학습내용의 배열 · 59
   - 1) 영역별 배열 · 59
   - 2) 학년별 배열 · 61

5장 초등 역사학습의 성격 ························ 65

1. 역사학습에서 키우는 자질·능력 · 65
   - 1) 역사에 대한 흥미와 관심 · 65
   - 2) 자국에 대한 사랑 · 67
   - 3) 역사적 사고방식의 기초 육성 · 68
2. 역사에 대한 이해·애정의 배양 · 71
   - 1) 친근한 소재를 중심으로 · 71
   - 2) 어린이의 감성을 활동시켜서 · 74
   - 3) 역사교재를 음미하여 · 76

6장 초등 역사학습의 핵심개념 ··· 79

1. 과거 • 79
   1) 과거와 어린이 • 79　　2) 어린이의 과거 • 81
2. 시간 • 83
3. 변화 • 86
4. 지속성 • 89

7장 초등학생과 역사적 사고 ··· 91

1. 역사적 사고력 • 91
2. 역사적 탐구방법 • 93
3. 어린 역사학자 • 96
   1) 역사학자의 작업방식 • 96　　2) 역사적 사고의 훈련 • 98

8장 새로운 초등 역사학습의 모색 ··· 101

1. 수업방법의 전환 • 101
   1) 주입식 수업에서 • 101　　2) 활동식 수업으로 • 104
2. 수업자료의 전환 • 107
   1) 문헌자료 중심에서 • 107　　2) 실물자료 중심으로 • 110
3. 살아있는 역사학습을 향하여 • 112

9장 초등 역사학습의 여러 자료들 · 117

1. 역사학습 자료의 요건 · 117
2. 역사학습 자료의 실태 · 119
   1) 학습자료의 구분 · 119   2) 학습자료의 종류 · 121
3. 역사학습 자료의 활용 · 124
   1) 다각적 활용 · 124   2) 친근한 활용 · 126

10장 가족사 학습 · 131

1. 가족사 학습의 개념 · 131
2. 가족사를 역사학습의 첫 장으로 · 133
3. 가족사 학습방법 · 135
   1) 가정생활 중심 · 135   2) 가족제도사 중심 · 138

11장 지역사 학습 · 141

1. 지역사와 학습자료 · 141
   1) 지역사 학습의 개념 · 141   2) 지역사 학습의 자료 · 144
2. 지역사 학습방법 · 147
   1) 지역사회 탐구 · 147   2) 자원 인사 활용 · 152
   3) 향토자료관 방문 · 154   4) 문화행사 참여 · 157

12장 생활사 학습 161

1. 생활사 학습의 개념과 배경 • 161
   1) 생활사 학습의 개념 • 161　　2) 생활사 학습의 배경 • 163
2. 민속자료 활용하기 • 164
   1) 멋스러운 등잔 • 164　　　　2) 조선 등잔 공부 • 166

13장 인물사 학습 169

1. 인물사 학습의 개념 • 169
2. 인물사 학습방법 • 170
   1) 인물 선정 • 170　　　　　　2) 전개과정 • 172
   3) 인물 카드 만들기 • 174

14장 제작을 통한 역사학습 177

1. 제작학습 • 177
   1) 제작학습의 개념 • 177　　　2) 제작학습의 유형 • 179
2. 연표학습 • 181
   1) 연표의 개념 • 181　　　　　2) 연표학습의 의의 • 183
   3) 연표 만들기 • 186

15장 **체험을 통한 역사학습** ··· 191

  1. 체험학습의 유형 • 191
  2. 원시생활 체험하기 • 196
     1) 원시생활 체험방법 • 196   2) 불 피우기 • 197
     3) 불 피우기에서 배우는 것 • 199

▌ **참고문헌** ··· 201

1장 초등 사회과와 역사

1. 사회과의 성격

1) 사회과의 개념

현행 교육과정(敎育課程)에서는 사회과(社會科)의 개념과 관련하여, "사회과는 사회생활에 필요한 지식과 기능을 익혀 이를 토대로 사회현상을 올바르게 인식하고, 민주사회 구성원에게 요청되는 가치와 태도를 지님으로써 민주시민으로서의 자질을 갖추도록 하는 교과이다. 사회과에서 육성하고자 하는 민주시민은, 사회생활을 영위하는 데 필요한 지식을 바탕으로 인권 존중, 관용과 타협의 정신, 사회정의의 실현, 공동체의식, 참여와 책임의식 등의 민주적 가치와 태도를 함양하고, 나아가 개인적, 사회적 문제를 합리적으로 해결하는 능력을 길러 개인의 발전은 물론, 사회, 국가, 인류의 발전에 기여할 수 있는 자질을 갖춘 사람이다"라고 정의하였다.

이 개념 정의에서는 사회과가 민주시민의 자질을 길러주는 데 주도적 역할을 하는 교과라는 점과 아울러, 올바른 사회인식을 바탕으로 사회와 관련된 지식과 기능 및 가치·태도를 고르게 습득시켜야 하는 교과임을 분명히 하였다. 여기에 사회적 행위(실천)가 없다면 지식, 기능, 가치는 무력해질 수밖에 없다는 점을 고려하여 시민행동을 추가할 수 있다.

따라서 사회과의 궁극적 목표는 민주시민(民主市民)으로서의 올바른 자질을 길러 주는 데 있다. 사회과에서 가르치고자 하는 민주시민이란 곧 주권자로서의 한국인을 말하는 것이며, 이러한 인간상은 한국 및 세계의 사회·문화적 상황 속에서 21세기를 현명하게 살아가는 한국인을 뜻한다. 사회과는 다양한 사회과학과 인문학의 지식과 탐구 방법을 습득하여 사회현상을 종합적으로 이해하고, 다양한 정보를 활용하여 사회문제를 창의적이며 합리적으로 해결하고, 사회생활에 자발적으로 참여하는 능력을 기르는 것을 목표로 한다. 이러한 다양한 영역의 목표들을 통하여 사회과는 궁극적으로 국가와 인류의 발전에 기여할 수 있는 민주적 시민의 자질을 기르고자 한다.

결국 사회과는 현명한 한국인을 양성하기 위하여 사회과학을 비롯한 주위의 사회 사상에 관한 지식의 이해와 더불어 여러 사회적 상황 속에서 바르게 판단하고, 행동할 수 있는 제반 능력과 태도를 익히도록 하는 데 충실해야 한다.

2) 사회과의 학습요소

사회과의 학습요소(學習要素)에 대하여 『사회과 교육과정』에서는 다음과 같이 제시하였다 "사회과는 지리, 역사 및 제 사회과학의 개념과 원리, 사회 제도와 기능, 사회 문제와 가치, 그리고 연구 방법과 절차에 관한 요소를 통합적으로 선정, 조직하여 사회 현상을 종합적으로 이해하고 탐구한다. 또한, 사회과에서는 우리의 삶의 터전인 국토의 이해를 바탕으로 우리 민족의 역사와 활동에 대한 종합적인 파악과 현실에 대한 역사적인 시각에서의 이해 및 한국인으로서의 정체성과 세계시민으로서의 가치·태도 등에 관한 요소를 중시한다."

즉, 사회과는 지리학과 역사학 및 사회과학(정치학, 경제학, 사회학, 문화인류학)의 학문으로부터 학습요소를 구성한다. 이들 학문 영역에서 사회과 교육에 필요한 개념과 원리, 사회 제도와 기능, 사회 문제와 가치, 그리고 연구 방법과 절차에 관한 요소를 통합적으로 선정·조직하여 사회현상을 종합적으로 이해하고 탐구하도록 한다는 것이다.

그러므로 사회과에서는 우리의 삶의 터전인 국토의 이해를 바탕으로 우리 민족의 역사와 활동에 대한 종합적인 파악과 우리의 현실에 대한 역사적인 시각에서의 이해 및 한국인으로서의 민족적 정체성과 세계시민으로서의 가치·태도 등에 관한 요소를 중시한다. 이러한 요소들은 학문적 개념이나 생활의 주제를 중심으로 통합되어 사회과 교육내용의 체계를 이룬다. 그리고 각 학년 및 단원 내용을 구성함에 있어서는 학문 및 생활 영역이나 지식, 기능, 가치·태도가 통합되도록 구성한다.

따라서 사회과 교육과정의 운영 및 단원의 학습 전개에 있어서도 이러한 통합의 원칙을 고려하여 인간과 공간, 인간과 시간, 인간과 사회 등의 내용이 종합적으로 이해되도록 하고, 지식·경험·생활이 서로 통합되어 습득한 지식을 실생활에 적용할 수 있도록 하여야 한다.

이러한 원칙에 따라, 제7차 교육과정 초등 사회과의 내용은 다음과 같은 체계로 구성되었다.[1]

〈표 1〉 초등사회과 제7차 교육과정 내용 체계

학년	인간과 공간	인간과 시간	인간과 사회
3학년	• 고장의 자연 환경과 인문 환경과의 관계 • 고장의 중심지와 주민 생활 모습	• 고장 생활의 변화 • 고장의 문화적 전통	• 물자의 유통 • 고장의 여러 기관에서 하는 일 • 고장의 발전을 위한 노력
4학년	• 우리 지역의 자연 환경과 인문 환경	• 옛 도읍지 • 박물관의 기능 • 문화재의 가치	• 지역의 생산 활동 • 가정의 형태와 살림살이 • 취미와 여가 생활 • 주민 자치와 지역 문제의 해결
5학년	• 자연 환경과 주민 생활과의 관계 • 국토의 개발과 환경 보전 • 도시 지역의 생활 • 촌락 지역의 생활	• 인간 생활과 과학 기술의 관계 • 조상들의 공동체의식	• 우리 나라의 경제 성장 • 정보화 시대의 생활
6학년	• 우리 나라와 관계 깊은 나라들 • 지구촌 문제의 해결을 위한 노력	• 국가의 성립과 발전 • 근대화와 민주 국가 건설 • 역사적 인물과 사건	• 민주 정치의 기본 원리 • 민주 시민의 권리와 준법 정신 • 평화 통일과 민족의 미래

---

1) 표를 보면, 영역 명칭과 그 배열 순서에 변화가 있음을 알 수 있다. 영역 명칭의 경우, 지리학 영역이 '인간과 공간'에서 '지리 영역'으로, 역사학 영역이 '인간과 시간'에서 '역사 영역'으로, 사회과학 영역이 '인간과 사회'에서 '일반사회 영역'으로 변화되었다. 그리고 영역별 배열 순서의 경우, '인간과 공간' → '인간과 시간' → '인간과 사회'에서 '역사 영역' → '지리 영역' → '일반사회 영역'으로 변화되었다. 이러한 변화는 원칙 없는 개정의 결과이고, 이는 사회과에 대한 기본적인 입장이 정리되어 있지 않음을 보여주는 것이다.

〈표 2〉 초등사회과 제7차 교육과정 내용 체계(개정)

학년	역사 영역	지리 영역	일반사회 영역
3학년	• 우리가 살아가는 곳 • 고장의 생활 문화 • 이동과 의사소통	• 우리 고장의 정체성 • 사람들이 모이는 곳 • 다양한 삶의 모습들	
4학년		• 우리 지역의 자연 환경과 생활 모습 • 우리 지역과 관계 깊은 곳들 • 여러 지역의 생활	• 주민 자치와 지역 사회의 발전 • 경제생활과 바람직한 선택 • 사회 변화와 우리 생활
5학년	• 하나 된 겨레 • 다양한 문화가 발전한 고려 • 유교 전통이 자리 잡은 조선 • 조선 사회의 새로운 움직임 • 새로운 문물의 수용과 민족 운동 • 대한민국의 발전과 오늘의 우리		
6학년		• 아름다운 우리 국토 • 환경을 생각하는 국토 가꾸기 • 세계 여러 지역의 자연과 문화	• 우리 경제의 성장과 과제 • 우리 나라의 민주정치 • 정보화, 세계화 속의 우리

3) 사회과의 학습전략

사회과의 학습전략(學習戰略)과 관련하여, "사회과는 다양한 정보를 활용하여 사회현상에 관한 지식을 발견하고 문제를 해결하는 데 필요한 비판적 사고력, 창의력, 판단 및 의사 결정력 등의 신장을 강조한다. 이를 위하여 다양한 탐구방법을 활용하여, 학습자 스스로 학습하는 기회를 제공하고, 흥미와 관심을 고려하여 개개인의 수준에 적합한 경험을 제공하는 효율적인 교수·학습 전략을 지향한다. 그리고 학교 특성에 따라서 지역성과 시사성을 고려하여 지도한다"고 현행 교육과정에서 정의하였다.

사회과는 사회적 사실과 현상에 관한 지식을 발견하고 적용하는 데 필요한 사고력과 판단력을 강조하는 교과이다. 그러므로 논리적 사고를 비롯하여 비판적 사고력, 창조적 사고력, 가치 판단력, 의사결정력을 신장시킬 수 있는 교수·학습 방법을 적용하여야 한다. 따라서 사회현상에 관한 지식을 발견하고 이를 적용하는 발견 학습, 문제해결 학습, 의사결정 학습, 가치 명료화 학습 등을 적절하게 활용하여야 한다. 또 각 영역(지리, 역사, 공민)의 내용을 학습하는 데 적합한 탐구적 학습방법을 모색하고 그것을 적용하여야 한다.

그런가 하면 사회 현상의 올바른 인식과 다양한 사고력의 신장을 위하여 학습자 스스로 관심 있는 분야를 선택하여 학습할 수 있는 기회를 많이 제공하고, 질적·양적 또는 주관적·객관적 관점이 고려된 다양한 탐구 방법을 적용하도록 한다. 이를 위해서는 학습자가 다양한 탐구 방법을 활용하여 스스로 탐구해 가는 학습 전략을 지향해야 한다.

교육과정에서는 사회과의 내용 구성 원칙에 대하여, "사회과는 학습자의 성장 발달 정도와 사회·문화적 경험을 고려하여 학교급별로 주안점을 달리한다"고 하였다. 교육과정에서 제시하고 있는 학교급별 구체적인 기준을 살펴보면 다음과 같다.

초등학교의 경우, "초등학교에서는 학생들이 주변의 사회적 사실과 현상에 대하여 관심과 흥미를 가지며, 생활과 관련된 기본적 지식과 능력을 습득하고, 창의적인 자세로 일상생활을 할 수 있도록 한다. 이를 위하여 학생들은 사회적 사실과 현상을 이해하는 데 필요한 기본적인 사실과 개념을 배우고, 이를 자신의 주변 환경이나 문제에 적용할 수 있는 사고력을 지녀야 한다. 또한 이러한 지식과 사고를 사회적 행동으로 실천할 수 있는 적극적인 태도를 길러야 한다"고 하였다.

그리고 중학교의 경우, "중학교에서는 초등학교에서의 학습을 바탕으로 각 영역에서 중요시하는 지식을 과학적 절차에 의하여 발견·적용하고, 개인적·사회적 문제를 해결하는 능력을 길러 공동 생활에 자발적으로 참여하는 시민 정신을 발휘하게 한다"고 하였다.

이어 고등학교의 경우, "고등학교에서는 초등학교와 중학교에서 습득한 지식과 능력을 바탕으로 사회 현상을 종합적으로 이해하고 비판적 사고와 합리적 의사 결정 능력을 함양하여, 사회 공동 문제 해결에 적극적으로 참여하는 시민의식을 기른다"고 하였다.

이렇게 볼 때, 초등학교 사회과에서는 아동이 경험할 수 있는 공동체 주변의 사회적 사실과 현상에 대하여 관심과 흥미를 가지며, 생활과 관련된 기본적인 지식과 능력을 습득하고, 창의적인 자세로 일상생활에 적응할 수 있도록 하는 데에 초점을 맞추어야 한다. 민주적 시민성을 육성하려는 사회과 교육과정은 학생의 발달 수준과 사회적·문화적 경험, 배경적 지식을 고려하여 중학교나 고등학교와는 다르게 구성되어야 하기 때문이다.

따라서 초등학교 사회과에서는 일상생활 경험을 토대로 주위 현상에 관심을 갖게 하며, 나아가 새로운 의문점을 가지고 가장 기초적인 개념을 이해하도록 하며, 자기가 당면한 문제 상황을 바르게 판단하고 지혜롭게 해결해 가는 능력과 습관 및 태도를 익히도록 해야 한다.[2]

2. 사회과의 목표

1) 교육 목표의 위계화

학교교육 목표는 그것이 갖는 추상성과 포괄성의 정도에 따라 몇 단계로 분류할 수 있는데 이것을 위계화(位階化)라고 한다. 각 단계의 목표는 상위 목표를 보다 구체화하여 만들어지는 것으로, ① 교육이념과 목적 → ② 학교교육 목표 → ③ 교과 목표 → ④ 학년 목표 → ⑤ 단원 목표 → ⑥ 수업 목표로 위계화하여 나타낼 수 있다.

일반적으로 교육과정에 제시되는 목표들은 ③ 교과 목표, ④ 학년 목표, ⑤ 단원 목표 순으로 위계화된다. 이보다 상위 목표들인 ① 교육이념과 목적, ② 학교교육 목표는 '학교교육 기본법'에 규정되어 있고, 범교과적인 성격의 목표로 설정되고, 교육과정의 목표보다 장기적인 목표이다.

또한 ⑤ 단원 목표보다 하위 목표로는 ⑥ 수업 목표(주제별 목표와 차시별 목표)가 설정되어야 하지만, 이는 교육과정에서 설정하기보다 단원 학습지도 계획에서 설정하는 것이 적합하고 바람직하다. 주제 목표나 차시별 목표처럼 낮은 위계의 목표일수록 단기적 목표이므로 구체화·상세화가 요구된다.

---

2) 초등학교 교육은 학생의 학습과 일상생활에 필요한 기초능력 배양과 기본 생활 습관을 형성하는 데 중점을 둔다. 그와 관련된 내용을 구체적으로 제시하면 다음과 같다.
  가. 몸과 마음이 균형 있게 자랄 수 있는 다양한 경험을 가진다.
  나. 일상생활의 문제를 인식하고 해결하는 기초능력을 기르고, 자신의 생각과 느낌을 다양하게 표현하는 경험을 가진다.
  다. 다양한 일의 세계를 이해할 수 있는 폭넓은 학습경험을 가진다.
  라. 우리의 전통과 문화를 이해하고 애호하는 태도를 가진다.
  마. 일상생활에 필요한 기본 생활 습관을 기르고, 이웃과 나라를 사랑하는 마음씨를 가진다.

그런데 제6·7차 교육과정에서는 학년 목표 설정을 생략하고 교과 목표와 단원 목표를 연계시키도록 하여 이를 제시하고 있지 않기 때문에, 학교 단위의 교육과정 편성 또는 현장 교육 연구 등 필요에 따라서는 학년 목표를 설정해야 할 것 같다.

학년 목표 제시를 생략한 가장 큰 이유는 학년 목표가 단원 목표와 중복되기 때문이다. 그러므로 교육과정에 제시되어 있지 않아도 필요한 경우에 학년별 단원 목표에 기반하여 지역과 학교 및 학생의 실정이나 특성을 반영하여 다양하게 학년 목표를 설정할 수 있다.

2) 사회과의 종합 목표

사회과 교육의 목표와 방향에 대해 많은 논란이 있었지만, ①민주시민 교육의 자질 함양, ②수준 높은 사고력과 의사 결정 능력의 신장, ③민족 문화의 정체성 확립과 타문화에 대한 이해 등으로 정리한 의견이 가장 타당하게 여겨진다.

제7차 사회과 교육과정에서 명시적으로 제시하고 있는 목표는 교과 목표와 단원 목표이다. 단원 목표는 여기에서 일일이 언급할 수 없으므로 생략하고, 교과 목표에 대해서만 살펴보겠다. 교과 목표는 종합 목표와 영역별 목표로 나누어진다.

우선 교육과정에서 제시하고 있는 종합 목표를 검토해보면 다음과 같다. "사회 현상에 관한 기초적 지식과 능력은 물론, 지리, 역사 및 제 사회과학의 기본 개념과 원리를 발견하고 탐구하는 능력을 익혀, 우리 사회의 특징과 세계의 여러 모습을 종합적으로 이해하며, 다양한 정보를 활용하여 현대 사회의 문제를 창의적이며 합리적으로 해결하고, 공동 생활에 스스로 참여하는 능력을 기른다. 이를 바탕으로 개인의 발전은 물론, 사회, 국가, 인류의 발전에 기여할 수 있는 민주

시민의 자질을 기른다." 이상은 사회과 교육의 궁극적인 목적인 민주 시민 양성을 지향점으로 보고, 이를 달성하는 데 필요한 지식, 기능, 가치·태도를 압축하여 종합적으로 제시한 것이다.

여기에 제시된 우리나라 사회과의 목표 영역은 ㉮ 지식 — 사회 현상에 대한 지식, ㉯ 기능 — 사회 현상이나 사회 문제를 과학적으로 탐구하고 합리적으로 해결하는 능력, ㉰ 가치와 태도 — 민주적인 생활 방식이나 국가 발전에 기여하는 태도, ㉱ 사회참여 — 문제 해결을 위한 사회 참여 활동으로 되어 있다.

종합 목표에 나타난 핵심 요소들을 추출해 보면, ① 개인의 발전 및 국가·사회·인류의 발전에 기여할 수 있는 민주 시민의 자질 육성, ② 사회 현상에 관한 기초적 지식과 능력, ③ 기본 개념과 원리의 탐구 능력, ④ 우리 사회의 특징과 세계의 여러 모습 이해, ⑤ 다양한 정보의 활용 능력, ⑥ 창의적이고 합리적인 문제 해결 능력, ⑦ 공동 생활에서의 참여 능력으로 요약할 수 있다.

이러한 핵심 요소들 간의 관계를 다시 분류해 보면 〈표 3〉에 있는 바와 같이, 순차적으로 추구되는 목표 요소(1차적 목표 요소, 2차적 목표 요소)와 궁극적인 목표 요소(3차적 목표 요소)로 정리할 수 있다.

〈표 3〉과 같은 핵심 요소들이 강조하는 바를 고찰하면, ①의 민주 시민 자질 육성은 사회과의 근본이고 궁극적인 목적임을 명시하는 것이다. 오늘날 사회과 교육을 통해 기르고자 하는 참된 민주 시민이란, 개인의 자아 실현이나 행복 추구와 국가의 이상이나 목표를 조화시켜 나가는 시민인 동시에 인류의 발전에도 기여하는 세계 시민임을 강조한 것이다. ②의 기초적 지식과 능력 및 ③의 기본 개념과 원리의 탐구 능력은 학년 수준에 따라 순차적으로 강조되어야 할 요소이다. 이 가운데 지식과 능력은 ④의 우리 사회의 특징과 세계

〈표 3〉 종합 목표에 나타난 목표 요소

1차적 목표 요소	2차적 목표 요소	3차적 목표 요소
• 사회 현상에 대한 기초 지식 • 기본 개념의 이해 • 우리 사회의 제반 특징 이해 • 다양한 정보의 활용 능력 • 공동체 생활에의 참여	• 기본 개념과 원리의 탐구 능력 • 우리 사회의 특징과 세계 현실의 이해 • 정보 활용과 문제 해결 능력 • 사회 참여 능력	• 개인의 발전 및 사회, 국가, 인류의 발전에 기여하는 민주 시민의 자질

의 여러 현실을 종합적으로 이해하는 데 있어서 필수 불가결한 것임을 강조한다. 그리고 탐구 능력의 요소는 1차적으로 기본 개념의 탐구 능력을 기르고, 2차적으로는 이를 강화하여 기본 원리들의 탐구 능력까지 추구해야 할 것이다. ⑤의 다양한 정보의 활용 능력과 ⑥의 창의적이고 합리적인 문제 해결 능력은 우리 사회가 점차 복잡·다양화되고 정보화됨에 따라 유능하고 합리적인 시민 생활에 필수적인 능력임을 강조한 것이다. 이 두 가지 요소의 관계 역시 정보 활용 능력이 1차적인 목표 요소라면, 이를 강화시킨 문제 해결 능력의 목표 요소는 2차적인 목표 요소라고 볼 수 있다. 또 건전하고 책임감 있는 민주 시민으로 살아가며 국가 사회의 발전에 기여할 수 있으려면 무엇보다도 ⑦의 공동 생활의 참여 능력 또는 사회 참여 능력이 순차적으로 추구되어야 한다.

3) 사회과의 영역 목표

사회과 교육과정에서 제시하고 있는 영역별 목표를 살펴보면 다음과 같다.

가. 사회의 여러 현상과 특성을 그 사회의 지리적 환경, 역사적 발전, 정치·경제·사회적 제도 등과 관련지어 이해한다.
나. 인간과 자연 간의 상호 작용에 대한 이해를 통하여 장소에 따른 인간 생활의 다양성을 파악하며, 고장·지방 및 국토 전체와 세계 여러 지역의 지리적 특성을 체계적으로 이해한다.
다. 각 시대의 특색을 중심으로 우리나라의 역사적 전통과 문화의 특수성을 파악하여 민족사의 발전상을 체계적으로 이해하며, 이를 바탕으로 인류 생활의 발달과정과 각 시대의 문화적 특색을 파악한다.
라. 사회생활에 관한 기본적 지식과 정치·경제·사회·문화 현상에 대한 기본적인 원리를 종합적으로 이해하고, 현대 사회의 성격 및 민주적 사회생활을 위하여 해결해야 할 여러 문제를 파악한다.
마. 사회 현상과 문제를 파악하는 데 필요한 지식과 정보를 획득·분석·조직·활용하는 능력을 기르며, 사회생활에서 나타나는 여러 문제를 합리적으로 해결하기 위한 탐구 능력과 의사 결정 능력 및 사회 참여 능력을 기른다.
바. 개인과 사회생활을 민주적으로 운영하고, 우리 사회가 당면한 문제들에 관심을 가지고 민주 국가 발전과 세계의 발전에 적극적으로 이바지하려는 태도를 가진다.

영역별 목표의 형식상 특징을 보면 모두 6개 항목으로 구성되어 있다. '가'항은 하나의 특정 영역에 관한 목표가 아니라, 지리·역사·공민의 상호 관련하에 통합적인 교과 운영을 강조한 것이다. 이는 사회과의 영역들이 학년이 높아질수록 분명하게 구분될 수는 있지만, 사회과는 통합적으로 이해하도록 지도해야 한다는 교과의 특성을 강조한 것이기도 하다. '나'항, '다'항, '라'항은 지식 영역의 목표들로서, 각각 지리·역사·공민 영역에 관한 목표를 제시한 것이다. '마'항은 모든 지식 목표들과 관련하여 달성해야 하는 사회과의 기능·능력 목표이고, '바'항 역시 모든 지식 목표들과 관련되는 사회과의 가치·태도 목표를 제시한 것이다.

이러한 영역별 목표에서 파악되는 핵심 요소들을 요약하면 다음 〈표 4〉와 같다.

〈표 4〉 사회과의 영역별 목표에 나타난 핵심 요소

목표	영역	핵심 요소
가	영역의 통합	• 사회의 여러 현상과 특성의 통합적 이해
나	지리 영역	• 인간과 자연의 상호 작용 이해 • 인간 생활의 다양성 이해 • 지역의 지리적 특성 이해
다	역사 영역	• 우리의 전통과 문화의 특수성 파악 • 우리 문화와 민족사의 발전상 이해 • 인류 생활의 발달과정과 각 시대의 문화적 특색 파악
라	사회 생활 영역 (정치, 경제, 사회, 문화)	• 사회 생활에 관한 기본적인 지식 이해 • 정치·경제·사회·문화 현상에 대한 기본 원리의 종합적 이해 • 현대 사회의 성격과 사회 문제들의 파악
마	기능·능력	• 지식과 정보의 획득·조직·활용 능력 • 탐구 능력, 의사 결정 능력, 사회 참여 능력, 합리적인 문제 해결 능력
바	가치·태도	• 민주적인 생활 태도 • 사회 문제들에 관심 • 민족 문화 및 민주 국가 발전에 이바지하려는 태도

영역별 목표의 '가'항에서는 사회과의 통합 교과적 특성을 살리기 위해 학습내용인 사회의 여러 현상과 특성을 그 사회의 지리적 환경, 역사적 발전, 정치·경제·사회적 제도 등과 관련하여 가르칠 것을 강조하고 있다.

'나'항의 지리 영역에서는 1차적으로 인간과 자연 간의 상호 작용에 대한 이해를 강조하며, 이러한 이해의 바탕 위에 서로 다른 삶의 조건에 따른 인간 생활의 다양성을 파악할 것을 강조한다. 또 학습대상인 여러 지역의 지리적 특성에 대한 체계적 이해를 돕기 위해 지역 확대의 원리를 고려하여 고장, 지역, 국토 전체와 세계의 지역 학습을 계열화할 것이 요구된다.

'다'항의 역사 영역은 다시 국사 영역과 세계사 영역으로 구분해 볼 수 있지만, 초등학교 과정의 역사 영역은 주로 생활사와 국사 영역에서 논의된다. 그것은 역사적으로 구분되는 각 시대의 특색을 중점적으로 이해하고, 이를 중심으로 우리 민족의 역사적 전통과 특수성을 파악할 것을 강조한다. 역사 영역에서 전통과 문화의 비중은 초등학교 때부터 강조되는 것이다. 따라서 생활사 중심의 역사학습이 선행되어야 하고, 그러한 역사학습이 이루어져야 지리 영역이나 사회·문화 영역과 넓게 관련되는 통합 학습이 가능해진다. 시대의 흐름에 따른 전통과 문화의 특수성 파악은 우리 문화와 민족사의 발전상을 체계적으로 이해하는 데 있어 핵심이 되며, 그 자체라고도 할 수 있다. 이러한 생활사 및 국사 지식을 바탕으로 인류 생활의 발달 과정과 각 시대의 문화적 특색을 파악할 수 있다.

'라'항이 사회생활 영역 목표에서는 사회 현상의 정치, 경제, 사회, 문화 현상에 대한 기본 원리를 종합적으로 이해시키는 것이 중시된다. 우리가 살고 있는 사회를 넓은 시각으로 이해할 수 있게 된다면 시민 생활에서 직면하는 복합적인 성격의 문제들에 효율적으로 대처할 수 있게 되기 때문이다. 정보화와 다양화의 정도가 높아지는 현대 사회에서는 시민에게 개인적·사회적 문제들을 해결하는 합리적 의사 결정 능력이 더욱 요구된다. 따라서 그러한 문제를 합리적으로 해결할 수 있게 하려면 현대 사회의 성격 및 여러 문제를 정확하게 파악하도록 해야 한다.

2장 초등 역사교육의 필요성

1. 역사, 역사학, 역사교육

일상생활에서 우리는 보통 '과거에 있었던 일'을 가리켜 역사(歷史)라고 한다. 하지만 조금 더 생각해 보면, 역사라는 말의 의미는 그렇게 간단하지 않다. 학문이나 교과의 대상으로서 역사라는 말의 의미는 대체로 세 가지로 생각해 볼 수 있다. 첫째, 과거(過去)에 일어난 일 자체를 가리킨다. 둘째, 남겨진 과거의 기록(記錄)이나 흔적(痕迹)을 의미한다. 셋째, 사료를 토대로 역사가(歷史家)가 연구해서 얻은 결과를 역사라고 하기도 한다.

역사의 첫 번째 의미인 '과거에 실제로 일어났던 일 자체'를 우리는 지금 알 수 없다. 우리가 알 수 있는 과거에 일어난 일은 실제로는 기록으로 남아있는 과거의 사실뿐이다. 역사의 두 번째 의미인 '남겨진 과거의 기록이나 흔적'이란 사료(史料)를 뜻한다. 사료의 내용은 엄밀히 말해서 과거에 일어났던 일 그 자체는 아니다. 사료는 우연이건 의도적이건 간에 이미 선택이나 편집을 거친 것이다. 따라서 역사가 과거에 일어났던 일이라고 말할 때, 이는 흔히 사료에 나타나 있는 선택되고 편집된 내용을 가리킨다. 그러므로 첫째와 둘째 의미의 역사는 사실상 같은 개념으로 사용되는 경우가 많다. 역사의 세 번째 의미인 '역사가가 연구해서 얻은 결과'란 역사가가 역사적 사실을 탐구해서 해석(解釋)을 가한 지식이다. 따라서 이와 같은 의미의 역사는 역사학(歷史學)과 동의어라고 할 수 있다.

초·중·고등학교의 역사학습이란 기본적으로 역사학의 연구성과를 떠나서는 존재할 수 없다. 역사학의 연구 내용이나 연구 방법에 입각해서 학교 역사교육이 이루어지고 있다는 것이다. 이러한 점 때문에 "연구와 교육은 서로의 영역 구분 없이 넘나들어야 하고, 나아가 이를 수행하는 모두는 역사 연구자인 동시에 역사 교육자여야 하고 이를 자임할 필요가 있다"고 지적된 바 있다.

그러므로 역사학습에서 다루어야 할 주제는 역사학의 경우와 마찬가지로 국가·민족·민중의 문제를 주체적이면서 발전적으로 조명하는 것이어야 하고, 그리고 여성사 등 소외 집단이나 미시사·일상사 등의 신문화사(新文化史)에 대한 주제에 대해서도 관심을 높일 것이 요구된다. 따라서 학교 역사학습은 ① 역사적 사실의 파악, ② 역사적 사실 간의 인과관계, 시대의 구조, 역사상(歷史像)의 파악, ③ 역사적 사실의 의미 이해 등이 가능한 수준에서 전개되어야 한다. 이러한 것들은 초·중·고등학교의 공통 역사수업 구조이지만, 각급 학교의 단계별 차이는 당연히 인정되어야 한다.

초등학교 3~6학년 사회과는 역사 영역으로 우리 고장의 역사, 유물·유적, 조상들의 생활, 우리나라 역사의 흐름 등을 학습하도록 하고 있다. 그렇지만 1·2학년의 『슬기로운 생활』에서도 시간적 인식이나 역사적 사고력의 육성을 목표로 하고 있다. 따라서 초등학교의 역사수업은 1~6학년 전학년에서 행해지고 있는 셈이다.

그렇지만 초등학교 역사학습은 중학교의 사회과 역사 분야나 고등학교의 국사·세계사와 비교하여 다른 점도 있다. 어떤 점에서 차이가 나는 것일까?

첫째, 연대를 쫓아서 가르치는 소위 통사학습이 초등학교에 사실상 없다는 것이다. 초등학교 사회 교과서 역사영역은 학생들에게 관심을 끌만한 주제를 중심으로 서술되어 있지만, 중·고등학교 역사교과서는 전적으로 통사 체제로 서술되어 있기 때문이다. 비록 6학년의 우리나라 역사가 통사적으로 서술되어 있지만, 전체적인 면에서 볼 때 비통사적 입장에 서 있다.

둘째, 초등학교 역사 영역은 인물사나 생활사를 중심으로 편제되어 있지만, 중고등학교는 정치사나 분류사로 편제되어 있다. 초등학교의 경우, 인물사와 생활사 중심의 역사 영역을 역사 개념의 계열화, 공간적인 계열화, 시간적인 계열화에 따라 배열하였다.

2. 역사교육의 목적

일반적으로 역사라는 용어를 설명할 때에, 독일어의 Geschichte와 영어의 History가 인용된다. 전자는 '일어난 것' 다시 말하면 '과거의 사실'을 의미하고, 후자는 '탐구해서 안다'라는 의미와 '배워서 안 것을 서술하다' 다시 말하면 '서술'이라는 의미를 포함하고 있다. 이러한 점 때문에 "역사란 과거의 사실을 탐구하고, 거기에 의미를 부여하는 것"이라고 말한다.

역사란 과거에 일어난 일이나 그것을 토대로 연구한 결과라고 말하는 것이 보통이다. 그러한 역사를 소재로 인간을 가르치는 활동이 바로 역사교육(歷史敎育)인 것이다. 즉, 인간의 과거에 관한 지식을 가르치고 이를 기초로 역사적 사고력과 통찰력을 신장시키며, 바람직한 역사적 가치관과 태도를 함양하기 위한 교육 활동이 역사교육이라고 할 수 있다.

그러면 왜 역사를 가르쳐야 하는가? 즉, 역사교육의 목적(目的)은 무엇인가? 이에 대한 대답은 역사 교과 존재의 정당성은 물론이고, 역사교육의 내용 선정이나 조직을 위해서도 중요한 것이다. 그렇지만 역사교육의 목적에 대한 논의는 간단한 문제가 아니어서 일찍부터 다양하게 제기되었다.

가령, 『역사교육의 이해』(삼영사)에서 ① 역사교육의 내재적 가치, ② 역사적 교훈, ③ 교양으로서 역사, ④ 민족공동체의식의 고취, ⑤ 역사의식의 함양 등 다섯 가지를 역사교육의 목적으로 제시한 바 있다. 그리고 최근에 발간된 『역사교육의 내용과 방법』(책과함께)에서는 ① 교훈의 획득, ② 유산의 전승, ③ 현재의 이해, ④ 인격과 교양의 육성, ⑤ 역사의식과 역사적 사고력의 함양 등을 제시한 바 있다. 이들 여러 가지 것들을 크게 두 갈래로 정리할 수 있다.

첫째, 콜링우드, 크로체, 딜타이 등 관념론자(觀念論者)들은 역사교육의 목적을 역사의식(歷史意識)의 함양에 있다고 주장하였다. 지적·역사적 감각을 통하여 개별성과 일반성의 존재를 인식하고 역사적 사건의 외적인 것과 내적인 것을 판단하며, 궁극적으로 역사적 사건은 물리적 사건과 다르다는 것을 인지하는 역사적 사고에 기반을 둔 성찰적 행위를 함양하여야 한다는 것이 관념론자들의 주장이었다.

관념론을 계승한 학자들은 역사교육이란 집단적 삶을 살고 있는 인간들의 다양한 모습을 보여줌으로써, 삶의 양식의 무한한 가능성에 대한 인식을 높이고 고통과 슬픔에 대한 감수성을 확장하여 도덕적으로 올바른 선택을 할 수 있게 해야 한다고 주장하였다. 바람직한 인간성의 함양과 정신적 공간의 확대가 역사를 가르쳐야 하는 이유이고, 이를 위해 설화 또는 이야기로서의 역사가 적합하다고 하였다.

둘째, 헴펠, 포퍼 등 실증론자(實證論者)들은 역사교육의 목적을 역사의 이해에 두었다. 역사에 법칙과 존재 사이의 논리적 연결성이 있는 것으로 보아, 역사적 설명도 자연 과학적 설명과 차이가 없는 것으로 간주하여 과학적으로 분석하여 설명하는 능력을 길러야 한다는 것이 실증론자들의 주장이었다.

실증론을 계승한 학자들은 역사교육의 사회 비판적 기능을 중시하고 인간 해방이 그 목표가 되어야 한다고 보았다. 그러기 위해서는 이데올로기 측면에서 비판적으로 사고할 수 있는 능력을 배양하고 역사의 발전과정이 관념과 존재, 주체와 객체 사이의 갈등으로 채워진 변증법적 과정이라는 것을 학생들에게 인식시켜야 한다고 주장하였다. 사회과학적 이론과의 관련 속에서 전체 사회사적인 결정 요인들을 설명하는 것이 중요하다는 것이다.

이상에서 살펴보았듯이, 역사교육의 목적은 크게 두 갈래로 설명되고 있다. 이러한 경향은 초등학교의 역사교육에서도 예외일 수가 없다. 다시 말하면 '역사 속의 역사'와 '사회 속의 역사'를 초등학교에서 동시에 펼쳐야 한다는 것이다.

3. 역사교육의 의의

초등 역사교육의 의의를 언급하기 전에 역사와 현실의 관계를 제시하고자 한다. 이는 역사교육의 필요성을 이해하는 현실적 바탕이 되기 때문이다.

최근 수년간 한국 사회에서 벌어진 일 가운데 고무적인 현상의 하나를 든다면, 역사에 대한 국가의 지원이 크게 이루어졌고 앞으로도 계속 진행될 것이라는 점이다. 동북아시아 역사를 전문으로 연구하는 '동북아역사재단'이라는 기관이 신설되었고, 중고등학교 역사수업 시간이 늘어나고 주요 대학 입시에서 역사 반영율이 높아진다고 했다. 또한 국가의 잘못된 공권력 행사로 희생당한 사람들에 대한 재평가 작업, 일제 시대에 민족을 배반하고 영화를 누린 사람들의 후손이 가지고 있는 재산을 환수하는 작업 등을 들 수 있다.

반면에 위험스럽고 가슴 아픈 일도 벌어지고 있다. 경제력과 군사력 면에서 우리나라를 압도하고 있고, 과거에 우리 민족을 침략하거나 지배한 적이 있는 중국이나 일본이 과거를 부정하거나 심지어 왜곡하여 정당화하는 작업이 진행 중이기 때문이다. 동북공정, 교과서 왜곡, 독도 문제, 일본해 표기, 정신대 문제, 재일 조선인 차별 등등이 그것이다. 서양 여러 나라들 교과서나 인터넷에 우리나라 역사가 왜곡되어 있거나 잘못 서술되어 있는 것도 적지 않은 걱정이다.

한편, 우리 내부에서 분열을 거듭한 나머지, 3·1절, 8·15 광복절, 6·15 행사를 따로따로 거행하는 현실은 우리를 슬프게 하고 우리의 미래를 어둡게 하는 장면이다. 해방 후 처음 맞은 1946년 3·1절 기념행사를 우익 진영은 서울 운동장에서, 좌익 진영은 남산 공원에서 각각 거행한 역사는 결국 무엇을 남기었는가? 좌우(左右) 대립은 남북

(南北) 분단을 남기어 참혹한 전쟁을 겪게 하지 않았는가? 또다시 갈라져 제 갈 길을 간다면, 남북도 부족해 동서(東西)로 그것도 부족해 경향(京鄕: 대수도론과 지역균형발전론)으로 갈기갈기 찢겨질 것이 불 보듯 뻔하다. 이는 역사가 증명하고 있다.

이러한 것들은 역사를 암기하면 그만이라는 생각, 심지어 역사를 뒷전으로 밀어 두어도 괜찮다는 생각에 새로운 생명력과 자각을 불어넣어 주고 있다. 과거가 바로 오늘이라는 것이 과거를 실감나게 인식하도록 자극하고, 현재가 바로 역사라는 것이 현재의 우리들이 해야 할 일이 산처럼 쌓여 있다고 증명해 준다. 역사교육이 필요한 이유가 바로 여기에 있는 것이다.

그러면 역사교육의 의의는 무엇일까? 역사교육에 임하면서 '역사를 왜 배워야 하고, 무엇을 어떻게 가르쳐야 하는가'는 가장 기본적인 질문이다. 이에 대한 소박한 답변은, 현재를 올바르게 사는 데에 역사가 도움을 주기 때문에 역사를 배울 가치가 있고, 그렇기 때문에 인간의 '열정'(인간성을 파괴한 광기를 포함하여)을 실감나게 가르칠 필요가 있다는 것이다.

역사를 모르면, 우리 문화의 우수성을 알려주는 「팔만대장경」을 빨래판 정도로 생각할 수 있다. 그리고 똑같이 중국에서 받아들였지만, 일본은 목재로 탑을 만들었는 데 반하여, 우리는 석재로 탑을 만들었는지에 대해서도 알 수 없을 것이다. 어떤 사실이 왜 그렇게 되었는지에 대한 연원을 파악할 수 없다는 것이다.

역사가 없다면 한 사회는 중요한 가치가 무엇인지, 그리고 오늘날의 상황에 영향을 준 과거의 결정이 무엇인지에 대한 어떠한 일반적인 상식이나 공동의 합의도 공유할 수 없게 된다. 또한 역사가 없다면 어떤 사회에서 정치적·사회적·도덕적인 문제에 대한 어떤 자각이나 성찰도 이루어질 수 없게 된다. 그리고 역사적인 지식과 그것을 지원하는 연구가 이루어지지 않는다면, 사람들은 양식 있고 분별력을 가진 인간성을 지향할 수 없게 된다. 요즘 젊은 세대들의 통일의식이 퇴보하고 있다는 지적은 곧 역사에 대한 관심이 실종되었거나 역사에 대한 이해가 부족한 결과를 반영할 것이다.

어제 발생했던 것이 오늘 또 발생했다고, 그것들을 동일한 성격으로 바라보아서는 안 된다. 동일할 수도 있지만, 서로 다른 조건과 상황에서 발생하여 상이한 경우가 대부분이다. 그런데 그렇게 생각하지 않는 사람들도 적지 않아 치명적인 사고 결함을 나타낸다. 그리고 자기도 그렇게 했으면서 그것을 아무도 모르고 있는 것처럼, 아무 일도 없었던 것처럼, 자신을 합리화하고 심지어 남을 비판하는 경우를 종종 볼 수 있다. 인간성을 파괴한 '광기'(전쟁, 탄압, 납치 등)가 반복되고 있는 것도, 모두 역사를 모르고 역사를 두려워하지 않은 결과다. 바로 이러한 점에서 역사는 중요하다고 여겨진다.

따라서 역사교육은 더 이상 의미 없는 날짜들과 쓸모없는 이름들로 가득찬 무미건조한 교과가 아니다. 그것은 우리와 우리 주변을 둘러싼 모든 것들에 대한 탐구와 '그것이 어떻게 그러한 방식과 형태를 갖게 되었는가?'에 대한 답을 얻고자 하는 학습인 것이다.

그러므로 역사를 배우기 시작하는 어린 초등학생들에게 그들의 삶이 아직 기록되어 있지 않을 뿐 역사의 일부이고 역사와 함께 존재한다는 것을 인식하도록 하여 건전한 시민으로 성장하도록 역사학습이 이루어져야 할 것이다. 왜 그럴 필요가 있고 그러해야 하는가?

역사학습이란 인간이 과거 활동을 가르치고, 그를 토대로 바람직한 가치관을 갖게 하는 교육 활동이다. 따라서 역사학습의 기초가 되는 재료는 바로 과거의 인간 활동이다. 그런데 어린이들이 아주 어렸을 때의 이야기를 들려주라고 조르는 경우를 주변에서 자주 듣게 된다. 또한 초등학교 어린이들은 자신들의 과거에 대해서 많은 관심을 가지고 있을 뿐만 아니라, 가까운 과거와 먼 과거 모두에 대해 높은 관심을 가지고 있고 강한 흥미를 느낀다. 그리고 저학년 어린이들도 비록 연대나 날짜에 대해 별다른 의미를 부여하지는 않지만, 과거와 현재의 차이점을 인식할 수 있다. 이러한 점들은 아이들이 역사에 대한 관심이 높고 역사를 학습할 능력이 갖추어져 있다는 것을 의미한다. 어린 학생들에게 역사학습이 필요한 이유가 여기에 있는 것이다.

역사학습을 통해 형성된 공동체의식(향토의식, 국가의식, 민족의식, 시민의식)과 과거에 대한 지식 없이는, 아이들은 어른들처럼 그들의 지역·국가·민족과 진정한 일체감을 형성할 수 없으며 사회 구성원으로서의 책임감을 가지기 어렵다. 이는 역사교육이 없다면 어린이들이 공동의식과 일체감을 공유하지 못하고 우리 사회의 이방인으로 전락할 수 있다는 말이다. 초등학생들에게 역사학습이 필요한 또 다른 이유가 여기에 있다.

초등학교에서의 역사학습은 역사교육의 시작이라는 점에서 큰 의의가 있다. 어린 초등학생들에게 역사를 배우도록 하는 것은 그들로 하여금 세상에 대한 인식을 깊게 하고, 자신과는 다른 시대와 다른 장소의 사람들에 대한 경험을 할 수 있도록 해 준다. 초등학교에서의 역사학습은 이 경험을 통해 우선 과거와 인류에 대한 흥미를 갖게 하고, 이를 시발로 개인의 간접 경험을 확대시키며, 역사적인 지식의 획득 및 변화와 지속성이라는 역사의 기본 개념을 터득하도록 하는 목적을 가지고 있다.

3장 초등학생의 역사의식과 발달 단계

1. 역사의식의 의미

역사학습은 역사적 사실에 관한 이해뿐만 아니라, 역사적 사고력(思考力)의 육성을 그 기본에 두어야 한다. 역사학습의 목적이 단지 지식을 높게 쌓는 데에 있는 것이 아니라, 역사적 사실을 다른 것과 비교한다거나 인과 관계를 명확하게 한다거나 해서 그 의미를 넓은 시야로 고찰하고 공정하게 판단하는 데에 있다는 것이다.

초등학교 단계에서 반드시 여러 가지 역사적 사고능력(思考能力)을 총괄하여 역사수업을 전개할 필요는 없다. 초등학생의 인지 능력을 고려할 때 역사적 사고능력의 총괄적인 교육은 순기능보다는 역기능을 가져올 우려가 있기 때문이다. 단지 역사적 사고력의 기초적인 전개와 그 방향성이 요구될 따름이다. 초등학교의 경우 역사학습의 기초가 되는 사고력을 육성하는 데에 그 중심 과제를 두어야 한다는 말이다.

역사학습의 기초가 되는 사고력을 육성하기 위해서는, 초등학교 학생들의 역사의식(Historical consciousness)의 발달 정도는 어떠한가를 먼저 파악할 필요가 있다. 어린이의 발달 단계에 적합한 역사학습을 구상할 경우, 어린이의 역사의식의 실태를 파악하는 것이 중요한 과제라는 것이다. 그러므로 역사교육에 있어서 역사의식의 발달 정도를 참작해야 하는 것은 매우 중요한 작업 중의 하나이다. 실제 역사교육의 목적은 단순히 사실을 암기하거나 과거로부터 교훈을 얻는 데에 그치는 것이 아니라, 그것을 토대로 바람직한 역사의식을 길러 역사적 사실을 객관적으로 파악하고 역사적 능력과 태도를 기르는 데 있다. 역사교육의 궁극적 목적이 역사의식의 함양이라는 것이고, 이 점에 대해서는 이론의 여지가 없을 것이다.

역사의식이란 그 의미하는 바와 폭이 매우 넓어 정의를 내리기가 쉽지는 않다. 역사의식은 역사적 사고력과 역사인식의 발달을 촉진시키는 기본적인 요소로서, 일반적으로 시간과 시대의 흐름에 따른 역사적 사실의 변화와 지속성을 파악하는 시간의식 및 변천의식, 그리고 역사의 흐름 속에서 자기 자신의 위치와 역할을 깨닫는 자아의식 또는 존재의식으로 규정되고 있다.

이러한 역사의식은 역사교육을 통하여 육성되며 성숙된다. 역사적 사실을 통하여 사회생활의 발전을 고찰하고 비판하는 동안에 미숙한 의식은 점차 성숙되어 고도의 의식이 형성되면서 역사의식은 발달해 나가게 된다. 물론 학습자의 능력과 교육 정도, 가정의 문화적 환경에 따라, 역사의식의 발달 단계는 다소의 차이가 있다. 그러므로 역사의식은 역사사실에 대한 교육이나 개개인의 체험을 통하여 구체적으로 나타나는 가변성을 띠고 있는 것이다.

2. 역사의식의 6단계

역사의식의 발달 단계는 효과적인 역사수업을 위해 긴요하게 고려해야 할 점이다. 아무리 좋은 자료와 창의적 학습방법을 동원한다 하더라도 학습자의 역사의식 발달 단계를 무시한 수업은 만족할만한 성과를 이룰 수 없을 것이다. 학습자의 역사의식 발달 단계에 알맞은 학습지도가 계획되어야 한다는 것이다.

예컨대, 사건에 대한 이해를 추구할 때, 인과 관계를 인식할 수 없는 연령의 아동들에게 그 사건을 바르게 이해시킬 수 없다. 사건의 발생 원인을 충분히 파악하지 못하면, 사건의 내용과 그것이 빚게 되는 결과를 이해하지 못하기 때문이다. 그래서 역사의식을 고려하지 않은 역사학습은 지식을 기억시키는 이상의 목표를 기대하기가 어려워지게 된다.

역사의식의 종류나 그것의 구조에 대한 견해는 연구자에 따라 약간씩 달리하고 있다. 그렇지만 일반적으로 역사의식은 감고의식(感古意識) → 고금의식(古今意識) → 변천의식(變遷意識) → 인과의식(因果意識) → 시대의식(時代意識) → 발전의식(發展意識) 등 6단계로 발달해 간다고 한다. 이와 같은 발달과정은 아동의 인지 능력이나 사회성의 성장에 따라 역사의식을 계열화한 것이다. 역사의식의 6단계별 특징을 살펴보면 다음과 같다.

첫째, 감고의식(시원의식). 감고의식이란 역사의식 중 가장 최하위에 있는 것으로, 역사는 오랜 옛날부터 생성·변천한다는 막연한 생각을 가지고, 시간적으로 오래된 것을 알아내는 능력을 말한다. 역사가 시간을 다루는 학문인 이상, 시간에 관한 것을 배워야 한다는 것은 역사학습의 대전제가 된다. 우리 주위의 모든 사실과 현상은 역사성을 띠지 않은 것이 없다. 따라서 이 모든 사실과 현상의 시원적(始原的) 형태는 어떠했느냐 하는 소박한 의문은 가장 초보적인 역사에 대한 관심이라 하겠다. 막연하게 옛것을 느끼며 옛것에 관심을 가지는 단계에 있는 아동들에게는 비록 시간의식이 싹튼다 하더라도, 이 단계의 아동들은 시간적 거리감을 파악하지 못하기 때문에 역사수업을 하기란 어렵다. 그러나 가족 구성원이나 국경일, 달력 등을 통해 시간의식을 싹트게 해주어야 한다.

둘째, 고금의식(고금상이의식, 고금대비의식). 고금의식이란 인간의 생활 양상이나 양식, 여러 가지 사회적 사실과 현상은 옛날의 것과 오늘날의 것을 비교하여 서로 다르다는 것을 이해하는 동시에, 다른 모습을 파악할 수 있는 능력을 가진 단계이다. 이 시기의 학생들은 시간의식이 성장하고 있기 때문에, 지역의 어제와 오늘을 비교하여 달라진 모습을 파악하도록 하여야 한다. 이런 의식의 단계에 있는 학생들에게는 그림 연표를 활용하여 어제와 오늘의 다른 모습을 이해시킴이 효과적이다.

셋째, 변천의식(변천발달의식). 변천의식은 고금을 대비하여 다르다는 것을 알 뿐만 아니라, 옛것과 지금의 것이 다르다면 그것은 옛것에서 지금의 상태로 변천·발달하여 왔음을 이해할 수 있는 능력을 가진 단계이다. 이 단계의 의식은 시간적 거리감을 어느 정도 파악할 수 있으므로, 이 단계의 학습자들에게는 광역자치단체의 변천과정이나 연표를 통한 학습이 가능하다.

넷째, 인과의식(인과관계의식). 인과의식은 시간의 흐름에 따라 역사적 사실과 현상이 변천·발달해 왔다면, 무엇 때문에 어떻게 변천·발달해 왔는가를 파악하는 의식이다. 이 의식의 단계는 사실과 현상의 변천에 대한 원인과 과정·결과·의의, 즉 인과 관계를 규명하여 역사적 사상(事象)을 파악할 수 있으며, 사실과 사실의 관련성, 사실과 시대적 배경의 관계를 파악할 수 있는 능력을 갖게 된다. 이 시기의 학생들은 시간의 흐름을 종적으로 파악할 수 있으므로, 이 단계의 학습자들에게는 분류사적 주제 중심의 생활사나 통사적 내용을 교재로 하여 지도할 수 있다.

다섯째, 시대의식(시대구조의식, 시대관련의식). 시대의식은 역사의 흐름을 시대별로 파악할 수 있으며, 각 시대의 특색과 흐름, 시대와 시대의 관련, 시대의 구조적 특징 등을 파악할 수 있고, 역사적 사실을 그 시대의 사회적 배경과 관련지어 파악할 수 있는 의식이다. 이 단계의 학생들은 시간의 흐름을 종적으로 파악할 수 있으며, 역사적 사건이나 인물 혹은 문화 유산에 대한 의의는 물론이고, 역사적 사고와 비판적 능력을 기를 수 있다. 그러므로 이 시대의식은 역사학습에 있어서 중요한 역할을 하는 것이다. 통사학습이 가능한 단계이다.

여섯째, 발전의식. 발전의식은 역사란 정체되어 있지 않고, 시대의 흐름에 따라 변천·발전하여 간다는 것을 파악할 수 있는 의식이다. 역사란 한 시대에서 다음 시대로 발전하여 가며, 역사를 종합적으로 파악할 수 있을 뿐만 아니라, 발전하는 현재의 역사에 이바지할 수 있는 실천적 능력과 태도를 가지고 사회 발전에 적극적으로 참여하려고 노력하는 단계이다.

위에서 살펴본 바와 같이, 6단계 역사의식 가운데 '변천의식' 이하는 하위 의식(下位 意識)이라 하고, '인과의식' 이상은 상위 의식(上位 意識)이라 한다. 따라서 역사의식은 하위 의식에서 상위 의식으로 단계적으로 발달해 가는 특징을 지니고 있다. 이러한 특징 때문에 가장 초보적인 감고의식이 발생하면서 역사학습을 할 수 있는 능력이 생기고 또 역사에 대한 흥미가 붙기 시작한다. 그 후 차차 복잡하고 높은 수준의 역사의식이 형성되어가며 최상층의 발전의식을 갖게 된다.

3. 초등학생의 역사의식

1) 학년별 역사의식

역사의식은 '감고의식'에서 '발전의식'에 이르기까지 6단계로 성장해 간다. 이러한 역사의식은 학습자의 발달 단계에 따라 그 양상이 다르게 나타난다. 이제 초등학교 학생들의 학년별 역사의식 발달 단계와 각 단계별 특징이 어떠한가를 정리하면 다음의 〈표 5〉와 같다.

〈표 5〉 초등학교 학생의 학년별 역사의식의 특징

학년	단계	특징
1·2	감고의식	• 막연하게 옛것을 느낌 • 자기 중심적임 • 역사적 시간의식을 신변적인 것을 중심으로 파악 • 사물에서 옛것을 느낌(직관적임) • 현실과 허구의 구별 곤란 • 고금상이 구별 불명확 • 동화적 이야기 좋아함
3	고금의식	• 옛것과 오늘날의 것을 구별함 • 자기 중심의 해소 • 옛것과 지금 것을 비교하여 다르다는 것을 이해 • 현실적인 영역과 비현실적인 영역이 분화하기 시작 • 시간의 거리를 느낌
4	변전의식	• 시간의 흐름을 어느 정도 느낌 • 직접적인 인과관계 파악하기 시작 • 등간격 단위의 시간성을 느낌 • 신변적인 사실과 현상에 관심 커짐 • 연표학습 활동 • 영웅적, 무용적 이야기를 좋아함

5	인과의식	• 시간의 흐름을 종적으로 파악할 수 있음 • 사회생활의 의미 비교 • 변천·발달의식의 심화 • 역사적 사실에 대한 인과관계 파악함 • 생활주변의 문화현상에 대한 역사적 관심 커짐 • 주제별 학습 가능
6	시대의식	• 인과의식의 심화 • 인물을 시대와 관련지어 파악 • 사회현상 상호간의 기능적 관계 파악 미약 • 체계적인 역사교육 가능(초보적 구조임) • 시대구조나 시대관련의식은 미약함 • 통사학습 가능 • 전기적, 일화적 이야기를 좋아함

위 〈표 5〉에서 보는 바와 같이, '역사의식 6단계' 가운데 초등학교 학생의 학년에 따른 역사의식은 각각 그 특징을 달리하면서 학년이 올라갈수록 '감고의식'에서 '시대의식'까지 1단계에서 5단계까지 발달하여 가고 있음을 알 수 있다. 이렇게 보면, '역사의식 6단계' 가운데 마지막 단계인 '발전의식'은 초등학생이 성취하기에는 어려운 것으로 정리할 수 있다. 그러면 학년별 역사의식을 자세히 살펴보자.

1, 2학년에서는 '감고의식'이 형성된다. 이때에 학생들은 막연하게 옛것을 느끼고, 자기 중심적이지만 역사적 시간의식을 신변적인 것을 중심으로 파악하기 시작한다. 사물에서 옛것을 느끼고(직관적임) 동화적 이야기를 좋아하나 현실과 허구의 구별이 곤란하고 고금상이 구별이 불명확하다.

3학년에서는 '고금의식'이 형성된다. 이때에 학생들은 옛것과 오늘날의 것을 구별하고 옛것과 지금 것을 비교하여 다르다는 것을 이해한다. 자기 중심적인 면을 탈피하면서 현실적인 영역과 비현실적인 영역을 나누고 시간의 거리를 느끼기 시작한다.

4학년에서는 '변천의식'이 형성된다. 이때에 학생들은 시간의 흐름을 어느 정도 느끼고 직접적인 인과 관계를 파악하기 시작한다. 동간격 단위의 시간성을 느낌으로서 연표학습 활동이 가능하다. 신변적인 사실과 현상에 관심이 커지면서 영웅적·무용적 이야기를 좋아한다.

5학년에서는 '인과의식'이 형성된다. 이때 학생들은 시간의 흐름을 종적으로 파악하는 것이 가능해지면서 변천·발달 의식이 심화되고 역사적 사실에 대한 인과 관계까지 이해한다. 사회생활의 의미를 비교하고 생활 주변의 문화 현상에 대한 역사적 관심이 커지고 있기 때문에 주제별 학습이 가능하다. 초등학교 학생의 역사의식의 변혁기는 5학년이며, 5학년부터는 상위 의식으로 발달하여 가면서 심리적 경험 세계가 확대되어 가고, 역사적 사고력과 비판력이 더욱 높아져 간다.

6학년에서는 '시대의식'이 형성된다. 이때에 학생들은 사회 현상 상호 간의 기능적 관계 파악과 시대 구조나 시대 관련 의식은 미약하나, 인과의식을 심화시키고 인물을 시대와 관련지어 파악하면서 체계적인 역사학습이 가능하다(초보적 구조임). 그러므로 통사학습이 가능하나 전기적·일화적 이야기를 좋아한다.

2) 단계별 학습대상

아쉽게도 우리의 현실은 초등학생의 역사의식 발달 단계에 대한 연구성과가 만족할 만하게 제시되고 있지 않다. 따라서 초등학생의 역사의식 발달 단계에 대한 이해를 넓히기 위해서 일본과 미국의 연구성과를 요약하면 다음과 같은데, 우리의 실정과 별다른 차이가 없어 보인다.

〈표 6〉 일본 초등학생들의 역사의식 발달과정

저학년	중학년	고학년
• 자기 중심성이 남아 있고, 역사적인 시간이나 사실을 신변적·구체적·주관적으로 파악	• 자기 중심성의 해소	• 옛날을 구체적 거리로 파악할 수 있다.
• 현실과 허구의 판별력 미흡	• 시원의식·고금대비의식·변천의식 발달	• 옛날과 지금의 상이한 사회생활의 의미를 비교
• 옛날과 지금의 구별이 불명확	• 현실적 영역과 비현실적 영역의 분화	• 직접적인 요인에 의한 역사적 인과관계의 파악
• 옛날은 매우 가까운 과거로 있고, 조부모가 태어난 무렵이 하한선	• 인과관계를 직접적 요인으로 파악하기 시작, 역사의식의 전환기	• 사회현상 상호의 기능적 관계파악은 미흡
• 동화적·이야기적	• 영웅전적·무용전적	• 전기적·일화적

〈표 7〉 미국 초등학생들의 역사의식 발달과정

단계	내용
유치부~2학년	역사적 우화, 신화, 설화를 읽거나 듣는 것으로 학생들이 이야기들의 기본적 조직을 개조할 수 있게 해야 한다. 그들 자신이 역사적 이야기를 창조하는 것으로 학생들이 시작, 중간, 끝을 준비하여 이야기를 위한 연대를 만들 수 있게 해야 한다.
3~4학년	학생들은 역사적 사건을 그들의 지역사회와 국가의 역사에서 명백히 정의 내릴 수 있는 연대로 구분 지을 수 있어야 한다. 학생들은 그들의 사회와 국가의 의미 있는 역사적 발달의 연표를 조립할 수 있어야 한다.
5~6학년	학생들은 중요한 사회적·경제적·정치적 발달을 복합적인 한 줄로 된 연표로 구조화할 수 있어야 한다. 학생들은 연표에서 연대가 나타내고 있는 것을 해석할 수 있어야 한다.

이상의 세 표를 종합하여 단계별 학습 대상을 정리해 보면 다음과 같다.

저학년(低學年)은 자기 중심성이 남아 있고 역사적인 시간이나 사실을 신변적·구체적·주관적으로 파악한 나머지, 현실과 허구의 판별력이 미흡하고 옛날과 지금의 구별이 불명확하고 옛날은 매우 가까운 과거이고 조부모가 태어난 무렵이 그 하한선이라고 생각한다. 동화적·이야기적인 내용을 선호한다. 비록 역사의식이 나타나 가족사(家族史)나 시간사(時間史) 중심의 초보적인 역사학습이 이루어지기는 하지만, 역사를 본격적으로 학습하기에는 역사의식이 미흡하다고 판단하여 역사학습 대상에서 제외되었다.3)

중학년(中學年)은 자기 중심성이 어느 정도 해소되고 고금대비의식, 변천의식이 발달하여 현실적 영역과 비현실적 영역을 나눌 줄 알고 인과 관계를 직접적 요인으로 파악하기 시작한다. 그래서 이 시기를 역사의식의 전환기라고 하고, 영웅전적이나 무용전적 내용을 선호한다. 바로 이때부터 본격적인 역사학습이 시작되는데, 인과의식이나 시대의식이 미숙하여 전체사(全體史: 민족사, 국가사)보다는 지역사(地域史) 중심의 역사학습이 시행된다.

---

3) 초등학생의 역사의식 발달 단계를 보면, 1·2학년 저학년에서도 비록 막연하고 자기중심적이지만 역사의식이 존재하고 있다는 것을 알 수 있다. 이 점은 저학년에서도 역사학습이 가능하다는 것을 의미한다. 그런데 미국에서는 1960년대에 E. A. Peel과 Roy Hallam이 Jean Piaget의 인지발달론을 역사적 사고에 적용하여, 어린이들의 인지적 작용이 '형식적 조작기'가 되어야만 역사에 대해 이해할 수 있다고 결론지었다. 이를 '삐아제-피일-할람 모델'이라고 하는데, 한동안 역사는 중학생이 될 때까지 기다려야 한다는 생각이 널리 인식된 적이 있다. 이후 이에 대한 반론이 여러 학자들에 의해 이어져, 현재는 8세 이전의 어린이늘도 역사적 개념을 이해할 수 있는 가능성이 있다고 한다(양호환, 「역사학습에서 인지발달에 관한 몇가지 문제」, 『역사교육』 58, 1995. James J. Zarrillo, "History and Geography", *Teaching Elementary Social Studies*, Prentice-Hall, 2000).

고학년(高學年)은 옛날을 구체적 거리로 파악할 수 있고, 옛날과 지금의 상이한 사회생활의 의미를 비교하여 직접적인 요인에 의한 역사적 인과 관계로 파악할 수 있고, 인물을 시대에 결부시켜 이해하고자 한다. 시간의 흐름에 대한 종적 파악이 가능할 뿐만 아니라, 생활 주변의 문화 현상에 대한 역사적 관심이 커진 나머지 전기적·일화적 내용을 선호한다. 그러나 사회사상(社會事象) 상호의 기능적 관계에 대한 파악이나 시대의 구조나 관련성에 대한 의식이 체계적으로 성숙되지 못하여, 망라적 통사학습(通史學習)이 아닌 주제(주요한 사실이나 개념 및 일반화) 중심의 통사학습이 실시되는데, 이 점이 연대사나 분류사 중심의 통사학습이 이루어지는 중고등학교와 다른 점이다.

이상의 초등학생 역사의식 발달 단계를 고려해 볼 때, 고학년에서 배우는 통사적(通史的) 역사수업에 들어가기까지, 가정·학교·지역사회 등 구체적으로 체험할 수 있는 대상에 관한 변화·변천을 통해서 역사적 흥미·관심을 키우는 것이 필요하다고 정리할 수 있다. 이렇게 보면, 초등학교 역사수업에서 무엇을 어떻게 가르쳐야 바람직한가가 대략 드러난 셈이다.

4장 초등 역사학습의 내용

1. 내용선정의 기준

1) 일반적 기준

　초등학생의 역사의식을 고려할 때, 초등학교의 역사학습은 역사에 대한 흥미와 관심을 일깨우고 그를 토대로 역사적 사고력의 기초를 육성하는 데에 그 방향이 있어야 할 것이다. 그러면 이러한 자질과 능력을 키우기 위해서는 어떤 내용을 어떤 방법으로 가르치는 역사학습이 요구될까? 초등 역사학습에 있어서 내용선정의 기준, 선정된 내용, 선정된 내용의 조직원리 등을 차례로 알아보도록 하겠다.
　일반적으로, 교과내용의 선정기준(選定基準)은 학생의 심리적 측면, 사회·국가적 측면, 학문·철학적 측면으로 나누어 설정된다. 이러한 측면에서 초등학교 사회과의 내용선정 기준을 제시하면 다음과 같다.

① 학생의 심리적 기준
- 학습자의 흥미와 능력을 존중한다.
- 학습자의 경험·생활과 관련성이 높고 학생 자신의 의미를 구성하는 데 도움이 될 수 있는 사실·문제·주제를 선정한다.

② 사회·국가적 측면
- 사회 변화와 미래 세계에 대한 준비를 위해 정보화·세계화·민주화의 시대적 요구를 반영한다.
- 현대 사회의 문제 해결에 필요한 다양한 관점과 사실 지식 및 사회적 기능을 선정한다.
- 시민적 자질 함양을 위한 가치 교육의 중요성을 감안하여 가치 문제를 함축한 의사 결정 문제를 선정한다.
- 통일, 환경, 경제, 세계 이해, 민족 문화 정체성, 진로 교육 등 국가·사회 발전의 지표가 될 수 있는 영역, 이른바 국가·사회적 요구 사항을 반영한다.

③ 학문·철학적 측면
- 널리 합의된 역사, 지리, 사회과학의 기본적 아이디어와 탐구 방법을 선정한다.
- 사회 현상의 다면적·다차원적 고찰을 위해 통합적인 관점이 드러나는 내용을 선정한다.

2) 역사적 기준

초등학교 역사영역에서 학습내용(學習內容)으로 무엇을 선정하여 다루어야 할까? 이 점은 교육과정 제정자, 교과서 집필자, 역사 연구자,

역사 교사 모두에게 해당되는 문제이다. 그런데 이 분야에 대한 연구는 현재 만족할 만하게 제시된 적이 없다. 따라서 여기에서는 일반적인 내용과 원론적인 수준에서 언급할 수밖에 없다.

일찍이 이원순(李元淳)은 역사교수학습의 내용선정 기준을 다음과 같이 제시한 적이 있다. 비록 오래전에 제시된 내용이지만, 음미해 볼 가치가 있어 우선 검토하고자 한다.

첫째, 역사의 가치나 역사교육의 목적을 확보하는 데서 출발되어야 한다. 역사교육이 '발전으로서의 역사'라는 기본 태도에 서서 역사학습을 통하여 역사를 이해하고 역사의식의 함양과 역사적 능력을 신장하여 발전을 지향하는 인간을 양육하는 데 목적을 두는 것이라면, 역사교육의 도구적 소재라 할 학습내용은 역사라는 학문적 분야의 주요 개념에 도달할 수 있는 사실들이어야 한다. 또한 그러한 사실들은 인과적·연관적 탐구를 통한 역사의 이해와 역사적 능력의 배양이 추진될 수 있는 것이어야 한다.

둘째, 학습자의 학습능력과 역사의식 정도를 감안하여 내용이 선정되고 구조화되어야 한다. 역사적 사고능력이 미숙한 초등학교 단계에서는 학습자들의 흥미를 유발할 수 있으며, 탐구적 훈련이 가능한 역사 주제를 가지고서 역사교육의 내용선정이 조직화되어야 할 것이다.

셋째, 역사교육이 역사학의 학문적 성과를 토대로 한 교육활동이기에 역사학의 특수성이 내용선정에 고려되어야 한다. 역사학은 과거에 관한 자료의 처리를 통해 인간생활의 과거를 인과적·연관적으로 해명하고 변화와 지속의 개념을 이해하는 학문이다. 역사를 해명할 열쇠로서의 자료가 역사교육의 교재 내용으로 선정·활용되어야 한다는 것이다. 이 점에서 역사교육의 내용이 단순한 연대기적 사실

서술의 교과서 문장만일 수 없으며, 피교육자들이 접촉 가능한 역사적 서술과 역사적 증거로서의 자료를 담은 것이어야 한다.

넷째, 역사에 대한 인간적 접근이 고려되어야 한다. 역사의 주인공은 인간이다. 인간의 다양한 활동이 역사의 전개를 가져왔으며, 그 인간은 지배층만은 아니다. 우리의 현행 역사교육의 내용이 정치사 일변도이고, 지배층의 업적 나열적 기사로 충만되어 있어, 그 그늘에 가려져 있는 대중이라는 역사의 주인공을 망각하고 있다. 정치와 사회·경제만이 역사가 아니라 인간의 생활 총체가 역사인 것이다. 그 인간의 역사적 존재상이 학습내용으로 선정되어야 한다.

다섯째, 역사의 실체적 주체로서의 민족을 확인할 수 있는 내용이 선정되어야 한다. 국사를 통하여 확인할 수 있는 민족의 참 모습이 탐구 학습의 대상으로 내용화되어야 할 것이다. 그리하여 민족적 긍지와 확신을 가진 역사적 인간을 양육하는 데 기여하여야 한다.

이원순이 제시한 이상의 다섯 가지 내용선정 기준이 역사교육 목적에 어느 정도 부합되느냐는 여전히 의문으로 남는다. 이에 정선영(鄭善影)은 전통적인 내용선정은 국가·사회적 요구의 우월, 사실 중심, 학생의 흥미·발달 단계의 무시 등으로 문제가 있다고 하면서, 여러 학자들의 견해를 종합하여 다음과 같은 기준을 제시하였다. 즉, ① 역사 교과에서 기본이 되는 지식인가?, ② 타당한 지식인가?, ③ 오래 지속될 수 있는 지식인가?, ④ 학습자의 필요나 흥미, 그리고 발달 단계에 맞는 지식인가?, ⑤ 사회적 시대적 요구에 맞는 지식인가?, ⑥ 넓은 범위와 여러 목적에 걸쳐 적용될 수 있는 지식인가? 등 여섯 가지 기준을 충족시킬 수 있는 역사적 내용이 있다면, 그것이 곧 역사적 통찰력을 제공해 주는 지식이라고 말해도 좋다고 하였다.

이상에서 역사교육의 내용선정 기준을 일반적인 차원에서 검토하여 보았다. 그러한 기준들이 초등학교의 경우에도 적용될 수 있다고 보여진다. 특히 근래 다문화 환경이 확산되고 있는 상황에서 전통적인 민족사 중심의 역사교육을 어떻게 변화·발전시킬 것인가는 앞으로 풀어 가야 할 숙제라고 판단된다.

2. 내용조직의 원리

1) 사회과의 원리

사회과에서 위와 같은 기준에 의해 선정된 내용들은 다음과 같은 원칙에 의하여 조직되었다.

첫째, 학습자의 발달, 사회적 경험, 사회 기능을 고려하는 환경 확대법(環境 擴大法)[4]의 원칙에 따라 배열하였다. 3, 4학년에서의 생활 주

---

4) 환경 확대법은 1930년대 초에 밋첼(Mitchell)이 세계에 대한 어린이들의 지식이 가까이 근접해 있는 것에 대한 인식에서 시작해서 멀리 떨어진 것으로—그들 생활의 지금, 여기로부터 시작하여 점차적으로 그들의 환경을 확대하는 단계를 거쳐—발전한다고 제안함으로써 시작되었다. 밋첼은 조약돌을 연못 속으로 던진 후에 사방으로 뻗어 나오는 잔물결에 비유하여 사람들의 사회환경 이해의 성장을 설명했다. 첫 번째 잔물결은 자신이 신체 그리고 직접적인 환경(침대, 놀이공간, 방, 집)의 물리적 특징에 관해 획득된 지식으로 생각될 수 있다. 그 다음 잔물결은 집, 가족, 친구, 친척 그리고 환경 속에 있는 다른 중요한 사람들에 대한 지식을 포함한다. 그 다음은 교실, 학교, 거리, 이웃 그리고 친구와 친척들의 집과 같은 다른 익숙한 환경에 초점을 맞춘다. 그리고 어린이들이 성숙해짐에 따라 계속되는 연구가 새로운 환경 속으로 열려나가고, 계속 이어지는 잔물결들은 사회, 주, 미국, 반구 그리고 그 너머로 뻗어나간다. 밋첼은 사회과 내용이 이런 자연적인 발달상의 진행(과정)에 대한 고려와 함께 조직되어야만 한다고 제안했다. 1학년에서는 자신, 집 그리고 학교로 시작한다. 그리고 2학년에서는 확대된 이웃으로, 3학년에서는 지역사회로, 그리고 4학년에서는 주(州)로 체계적으로 확대되고, 5학년에서는 미국으로, 그리고 6학년에서는 서반구 또는 세계로 확대시키는 것이다(최용규 외, 『살아있는 사회과 교육』, 학지사, 2004. 40쪽).

변과 시·군 시·도의 지역사회 이해와 문제 해결에서부터 5, 6학년의 각 지역, 국가, 세계의 사회 현상 파악 및 문제 해결 내용으로 확대되도록 구성하되, 각 학년별로 지구촌적 관점을 고루 반영하여 환경 확대법의 제한점을 보완하였다.

둘째, 사회과학의 기본 개념을 구체적 사례와 문제를 통해 이해할 수 있도록 구성하되, 나선형 교육과정의 원리에 따라 확대될 수 있도록 하였다. 나선형적 확대는 사회과학의 기본 개념, 학습자의 시간의식, 공간의식, 사회의식의 발달과 연계하여 배열하고, 단순한 것에서 복잡한 것으로, 구체적인 것에서 추상적인 것으로의 내용 배열 원리를 적용하였다.

셋째, 주제 또는 문제를 중심으로 한 탐구 또는 문제 해결과정을 통한 내용과 방법의 통합, 생활 경험과 지식의 통합에 초점을 맞추었다.

넷째, 학년별로 내용의 핵심과 범위를 설정함으로써 학습지도에서는 이를 중심으로 일관성을 유지할 수 있도록 배열하였다. 교육과정에 학년별 주제를 명시하지는 않았으나, 각 학년별 내용 주제의 범위는 다음과 같다.

- 3학년 : 우리 고장의 생활 모습
- 4학년 : 지역의 모습과 사회생활
- 5학년 : 우리나라의 생활과 문화
- 6학년 : 지구촌 시대의 우리

다섯째, 학년별 내용을 기본과정과 심화과정으로 나누어 성취 수준으로서의 기본 개념, 아이디어와 다양한 학습활동을 결합하여 제시함으로써 학습자와 흥미, 관심과 능력차에 대응하는 다양한 학습 경험이 가능하게 하였다.

2) 역사학습의 원리

사회과의 목표를 구현하기 위해, 초등학교 사회과에서는 학생들이 주변의 사회적 사실과 현상에 대하여 관심과 흥미를 가지며, 생활과 관련된 기본적인 지식과 능력을 습득하고, 창의적인 자세로 일상생활에 적응할 수 있는 내용을 다루어야 한다. 따라서 학습자의 흥미와 능력을 존중하여 학습자의 경험이나 생활과 관련성이 높고, 학생 자신의 의미를 구성하는 데 도움이 될 수 있는 사실이나 문제 및 주제를 교육 내용으로 선정하여야 한다.

이러한 초등학교 사회과의 특성에 따라, 역사영역도 학생들의 관심과 흥미를 유발할 수 있도록 지역과 민족을 토대로 한 생활사 및 인물사 내용을 중심으로 하여 구성되었다. 그리고 그러한 내용을 학생들에게 관심을 끌만한 주제를 중심으로 선정하였다. 또한 선정된 내용은 역사 개념의 계열화와 공간적·시간적 계열화에 따라 배열되어 있다. 이러한 점에서 초등학교 역사영역은 정치사나 분류사를 통사체제로 편제한 교과서로 역사수업을 진행하는 중고등학교와 다른 것이다.

교육 목표 달성을 위해서는 선정된 학습내용을 일정한 형태로 조직할 필요가 있다. 내용을 조직하면 산만하기 쉬운 지식 내용들을 보다 쉽게, 그리고 체계적으로 학습하여 교육효과를 높일 수 있기 때문이다. 일반적으로 내용조직에는 계속성, 계열성, 통합성 등 세 가지 원칙이 적용된다.

이 세 가지 원칙 가운데 먼저 해야 할 일은 학습내용의 계열(sequence)을 정하는 것이다. 계열을 정한다는 것은 선정된 학습내용을 깊이나 수준에 따라 몇 단계로 구분하고 학년에 따라 배열하는 것을 말한다. 이때는 학생들의 심리적 발달 단계 및 경험의 확대과정을 고려하여 학년이 올라감에 따라 누적적이고 발전적인 방향으로 교육과정을 구성해야 한다. 일반적으로 학습내용은 단순하고 구체적인 것에서 복잡하고 추상적인 것으로, 가까운 곳에서 먼 곳으로, 부분에서 전체로, 주관적인 것에서 객관적인 것으로 확대되는데, 초등 역사영역도 이러한 원리를 따르고 있고, 이 원리를 환경 확대법이라 한다.

환경 확대법이란 학습영역을 가족이나 이웃과 같이 학생들이 매일같이 접하는 친근한 생활 주변의 소재로부터 출발하여, 지역사회의 생활 소재를 거쳐, 국가나 국제 사회의 생활로 범위를 확대해 나가는 방법이다. 이러한 환경 확대법의 원칙에 따라, 초등학교 1·2학년에서는 생활주변의 역사(시간사, 가족사), 3·4학년에서는 고장(시·군·구)이나 시·도의 지역사회 역사(지역사), 그리고 5·6학년에서는 생활사와 인물사를 중심으로 한 국가의 역사(민족사)를 공부하도록 되어 있다. 나 → 가족 → 마을 → 고장 → 지역 → 국가(민족) 순으로 확대되도록 역사학습 내용이 구성되어 있는 것이다.

환경 확대법에 의한 초등학교 사회과(역사 영역)의 배열은 일본이나 미국 등 대부분의 국가에서 채택하고 있는 방안이다. 일본의 경우, 3학년 및 4학년 사회과에서는 지역사회에 관한 내용을, 5학년에서는 일본의 산업과 국토에 관한 내용을, 6학년에서는 일본의 역사와 정치, 국제 이해에 관한 내용을 각각 다루고 있다.

미국의 경우, 유치원과 1·2학년 사회학습은 사회의 발달, 학교, 가족, 이웃에 초점이 맞추어져 있다. 3학년은 그들의 지역사회, 지역의 역사에 관하여 학습한다. 학생들이 그들의 주(州)에 대해서 배우는 4학년이 되어서야 비로소 어떤 중요한 역사적 내용들이 제시된다. 5학년의 사회 학습은 미국의 역사에 대해 배운다. 6학년은 일반적으로 캐나다, 멕시코, 중앙아메리카, 남부아메리카 등 외국 나라들에 대한 내용이 채워져 있다.

3. 역사학습내용의 배열

1) 영역별 배열

그러면 국가에서 제시한 교육과정에서는 초등학교 역사학습에서 무엇을 다루어야 한다고 하고 있는가? 역사·지리·공민 영역의 통합적인 조직을 지향하고 있는 현행 교육과정에서 이 점에 대한 설명이 분명하게 제시되어 있지는 않지만, 몇 가지 점은 지적할 수 있다.

『사회과 교육과정』에서 사회과의 성격을 언급하면서, "사회과는 학습자의 성장 발달과 그들의 사회·문화적 경험을 고려하여 학교급별로 주안점을 달리한다"고 하였다. 10학년 공통과정을 유지하고 있지만, 학교급별 주안점이 다르다는 점을 인정한 것이다.

그러면 초등학교 사회과는 어떤 내용을 담고 있어야 할까? 이 점과 관련하여 "초등학교에서는 학생들이 주변의 사회적 사실과 현상에 대하여 관심과 흥미를 가지며, 생활과 관련된 기본적 지식과 능력을 습득하고, 창의적인 자세로 일상생활을 할 수 있도록 한다. 이를 위하여 학생들은 사회적 사실과 현상을 이해하는 데 필요한 기본적인 사실과 개념을 배우고, 이를 자신의 주변 환경이나 문제에 적용할 수 있는 사고력을 지녀야 한다. 또한 이러한 지식과 사고를 사회적 행동으로 실천할 수 있는 적극적인 태도를 길러야 한다"고 하였다.

이를 통해 볼 때, 초등학교 사회과에서는 중고등학교와는 달리 ① 학생 주변의 것, ② 생활과 관련된 것을 학습내용으로 편성해야 한다는 것을 파악할 수 있다. 그렇다면 당연히 역사 영역도 이러한 범주 안에서 학습내용을 선정해야 할 것이다. 다시 말하면 초등 역사영역은 학습자 주변의 역사인 지역사(地域史)와 생활사(生活史) 중심으로 서술되어야 한다는 것이다. 학생 주변에 존재하는 역사라면 지역사와 생활사 외에 가족사(家族史)도 있지만, 이 점은 현재 1·2학년『슬기로운 생활』교과에서 다루어지고 있을 뿐 사회과에서 깊이 있게 다루고 있지는 않다. 이런 점에서 가족사가 사회과의 영역으로 편입되어야 할 것이다.

사회과의 성격을 언급하면서, 다음과 같은 점 또한 지적되었다. "중학교에서는 각 영역에서 중요시하는 지식을 과학적 절차에 의하여 발견, 적용하고, 개인적, 사회적 문제를 해결하는 능력을 길러 공동생활에 자발적으로 참여하는 시민 정신을 발휘하게 한다. 국사는 초등학교에서 학습한 인물사, 생활사를 토대로 사건 또는 주제에 따른 구체적인 활동상을 주체적으로 이해하고 발전적으로 이해하는 데에 힘쓰도록 한다."

이 내용은 2007년 제7차 교육과정 개정 시 "중학교에서는 초등학교에서의 학습을 바탕으로 각 영역에서 중요시하는 지식을 과학적 절차에 의하여 발견·적용하고, 개인적·사회적 문제를 해결하는 능력을 길러 공동생활에 자발적으로 참여하는 시민 정신을 발휘하게 한다"로 변경되었지만, 여전히 유효하다고 생각된다. 이를 두고 볼 때에 초등학교 역사 영역은 인물사(人物史)와 생활사 중심으로 서술되어야 함을 알 수 있다.

한편, 사회과 교육과정에서 사회과의 교과 목표를 언급하면서, 영역별 6개 항목이 제시되었다. 그 가운데 세 번째 항목이 "다. 각 시대의 특색을 중심으로 우리나라의 역사적 전통과 문화의 특수성을 파악하여 민족사의 발전상을 체계적으로 이해하며, 이를 바탕으로 인류 생활의 발달과정과 각 시대의 문화적 특색을 파악한다"이다. 이를 두고 볼 때, ① 우리 전통과 문화의 특수성 파악, ② 우리 문화와 민족사의 발전상 이해, ③ 인류 생활의 발달과정과 각 시대의 문화적 특색 파악이 사회과 교육과정의 역사영역 목표인 것이다. 따라서 초등학교의 역사 영역도 이러한 목표를 달성할 수 있도록 학습내용이 편성될 수밖에 없다. 그렇다면 초등학교 역사학습은 민족사(民族史), 그리고 민족사를 바탕으로 한 인류문화 중심의 세계사(世界史)로 전개되어야 한다는 점을 파악할 수 있다. 그런데 현행 초등 사회과 교육과정에서 세계사는 거의 누락되어 있다.

이렇게 볼 때, 초등학교 역사 영역의 학습내용은 초등학생들의 발달 정도를 감안하여 가족사, 지역사, 생활사, 인물사, 민족사, 그리고 세계사 중심으로 구성되어야 한다는 것을 알 수 있다. 좀 더 구체적으로 정리한다면, 초등학교 역사 영역은 나와 가족과 지역과 민족을 바탕으로 한 생활사와 인물사 중심으로 서술되어야 한다는 것인데, 바로 이러한 방침이 중고등학교와 다른 점인 것이다.

2) 학년별 배열

그러면 가족사, 지역사, 생활사, 인물사, 민족사, 그리고 세계사 관련 내용을 교과서에서는 어떤 원칙으로 배열하고 있을까?

제7차 사회과 교육과정은 초등학교 3학년부터 고등학교 1학년에 이르는 10학년까지를 공통과정으로 구성하고 있다. 초등학교 1·2학년에서는 사회과가 별도의 교과목으로 존재하지 않기 때문에 사회과의 역사 영역은 3학년부터 시작된다고 말할 수 있으나, 1·2학년 교과를 자세히 들여다보면 꼭 그렇지만은 않고 그때부터 역사학습은 이루어지고 있다. 따라서 초등학교 역사학습은 1~6학년 전체에서 이루어지고 있는 편이다.

　현행 교육과정에서 사회의 여러 현상을 통합적으로 이해하는 것을 사회과의 목표로 설정하고 있지만, 실제 교과서 서술은 역사, 지리, 공민 영역별로 서술되어 있어 각 내용을 선별하는 것이 어려운 일이 아니다. 그러면 학년별로 어떤 역사 내용이 교과서에 수록되어 있는지를 저학년, 중학년, 고학년으로 나누어 살펴보도록 하겠다.

　저학년(1~2학년)의 경우, 사회과가 독립적으로 존재하지 않는다. 대신 사회과의 내용은 『슬기로운 생활』 교과에 과학과와 함께 포함되어 있다. 따라서 저학년의 역사수업은 『슬기로운 생활』 학습으로 전개되고 있는 실정이다. 여기에서는 나, 가정, 이웃의 존재, 관계, 변천 등을 공부하도록 하였다. 그러므로 『슬기로운 생활』 교과에서도 시간의식, 변화 인식, 가족 관계 등 기초적인 역사의식이 폭넓게 다루어진다.

　구체적인 내용을 살펴보면 다음과 같다. 1학년의 경우는 1학기 「나의 하루 생활」 단원에서 하루 동안 시간의 흐름에 따라 사람들의 생활과 주변 환경이 달라짐을 알 수 있도록 하였다. 그리고 2학기 「화목한 우리 가족」 단원에서 '우리 집 행사 조사하기'와 '가족 구성원 알아보기'를 익히도록 하였다. 2학년의 경우는 1학기 「알찬 하루 보람찬 생활」 단원에서 하루 동안 시간에 따라 사람이 하는 일의 변화를 알 수 있도록 하였다. 그리고 2학기 「우리 마을」 단원에서 우리 마을의 환경적 특징을 알도록 하였다.

　중학년(3~4학년)의 경우, 『슬기로운 생활』 교과의 가정, 학교, 이웃, 마을 등 일상생활 속에서 경험하는 자연환경이나 사회현상에 대한 학습을 시간적·공간적으로 확대하여, 지역사회 사람들의 생활형태가 역사적으로 변화해서 온 것을 학습하게 되어 있다. 중학년은 시원(始

原)의식, 고금대비의식, 변천(발달)의식이 급격하게 발달하는 시기인 만큼, 저학년의 학습내용을 동심원적 확대법으로 적용하여 지역사회의 역사를 공부하도록 한 것이다. 이를 위해 연표나 역사지도를 읽고 해석하는 능력과 문화 유적이나 박물관 등을 견학·조사하는 현장체험학습 능력을 기르고, 향토와 지역사회에 대한 관심 및 참여 태도의 함양에 중점을 두었다.

구체적으로 살펴보면 다음과 같다. 시·군을 단위로 한 3학년에서는 2학기에 「고장 생활의 변화」 단원에서 생활 도구와 교통·통신 수단을 통해서 변화와 지속성의 개념을 학습하도록 구성되었다. 「우리 고장의 전통 문화」 단원에서 고장에 전해오는 민속과 가정 의례의 변화 모습을 알아보도록 하였다. 그리고 시·도를 범위로 하는 4학년에서는 2학기에 「문화재와 박물관」 단원에서 시·도 지역의 역사적, 문화적 배경을 이해하도록 하였다.

고학년(5~6학년)의 경우, 저학년부터 학습해 온 가정과 이웃을 확대하여 우리나라를 범위로 한 역사학습을 행하도록 한다. 이러한 방침은 지금까지 배양되어 온 시간의식이나 변화의식을 토대로 역사적 사고력을 신장시키려는 의도와 깊게 관련되어 있고, 역사의 중요함과 심오함을 느끼는 학습을 전개하도록 한 것이다. 특히 6학년에서는 우리나라 역사를 통사적으로 학습하도록 되어 있는데, 체계적인 통사학습 보다는 항상 역사에 흥미와 관심을 갖고 즐겁고 의욕적으로 학습에 몰두하도록 하는 것이 중요할 것이다. 왜냐하면 초등학교에서 통사학습은 아동의 발달 단계 면에서 역사의 한 장면 한 장면을 이해하는 것은 가능할지 몰라도 역사적 발전과 연관을 논리적으로 추구하는 능력은 약하기 때문이다. 그러므로 초등학교 역사학습에서는 대담한 선택을 해서 사실(史實)이나 인물을 불연속적인 형태로 학습하는 것이 필요할 수밖에 없다.

　구체적으로 살펴보면 다음과 같다. 5학년에서는 2학기「우리 겨레의 생활 문화」단원에서 3학년과 4학년에서 배운 내용을 토대로 조상들의 생활도구와 민속놀이를 통해 물질적인 삶과 정신적인 삶을 이해하도록 구성하여 조상들의 삶을 계승하려는 마음을 가지도록 한다. 6학년에서는 1학기「우리 민족과 국가의 성립」,「근대 사회로 가는 길」,「대한민국의 발전」단원에서 우리 민족의 역사 흐름과 문화 특징을 역사적 인물과 주요 사건을 중심으로 파악할 수 있도록 구성하였다.[5] 그리고 6학년 2학기에서 지구촌 문화를 지리영역 차원에서 배열하여 사실상 초등학교에서 세계사 교육은 방치된 셈이다.

---

[5] 2007년에 단행된 제7차 사회과 교육과정 개정에서 가장 큰 변화는 역사교육 강화방침에 따라 역사영역에서 일어났다고 볼 수 있다. 그것은 5학년 2학기에서 학습하도록 한「우리 겨레의 생활 문화」단원이 사라지고, 6학년 1학기에 학습하도록 되어 있는 한국통사가 5학년 전학기로 내려왔다는 것이다. 다시 말하면, 한 학기에 공부해야 하는 한국통사가 두 학기에 공부하도록 개편되었다는 것이다.

5장 초등 역사학습의 성격

1. 역사학습에서 키우는 자질·능력

1) 역사에 대한 흥미와 관심

역사교육의 궁극적 목적은 학습자에게 역사의식을 함양시키는 데에 있다고 볼 수 있다. 그런데 역사의식이란 역사적 현실 속에서 생기고, 개인의 성장과 함께 존재하고, 다양한 생활경험이나 문제의식을 통해 형성되는 특징을 지니고 있다. 따라서 역사교육의 입문기라고 할 수 있는 초등학교 역사학습에서는 어떤 자질·능력을 중시하여 역사의식을 함양하면 좋을까? 그에 대한 해답을 들자면 역사에 대한 흥미와 관심, 자국에 대한 사랑, 역사적 사고력 등을 통하여 역사의식을 함양시켜야 할 것이다.

우선, 역사에 대한 흥미와 관심을 가지도록 하는 방안을 검토해 보자. 어린이들은 옛날의 생활모습이나 선인들의 발자취를 통해서, 가족의 역사와 지역의 역사를 차례로 배우고, 이어서 그러한 경험을 토대로 하여 우리나라의 역사에 대해서도 배운다. 본격적인 역사학습에 들어서는 어린 학생들에게 우선 필요한 것은 역사에 대한 흥미(興味)나 관심(關心)을 갖도록 하는 것이다. 이 점은 『사회과 교육과정』에서 초등학교 사회과의 특성을 언급하면서, 초등학교 사회과에서는 "학생들이 주변의 사회적 사실과 현상에 대하여 관심과 흥미를 가지며, 생활과 관련된 기본적인 지식과 능력을 습득하고, 창의적인 자세로 일상생활에 적응할 수 있도록 한다"고 밝히고 있다.

그러나 실제 학교에서의 역사수업이 어린이들의 흥미나 관심을 끌고 있는 것은 아니다. 어린이들에게 호감을 받지 못하는 경우가 적지 않은 실정이라는 말이다. 그 이유는 학습이 교사에 의해서 지식의 일방 주입으로 진행되거나, 학습이 듣고 말하고 쓰는 단조로운 활동으로 그친다거나 한 데에 있다. 이것이 어린이들로 하여금 역사를 싫어하도록 유도하고 있지는 않은가 생각된다.

어린이들은 본래 인물이 등장하는 역사 이야기를 좋아한다. 도서관에 있는 도서 가운데 만화로 묘사되어 있는 역사서를 잘 읽고 있다. 또한 에니메이션이나 드라마로 만들어진 역사 영상물을 즐겨 시청하고 있다. 어린이들이 이들을 선호하는 이유는 이들이 그들의 흥미와 관심을 끌고 있기 때문이다.

역사에 대한 관심은 일생 동안 계속되고, 역사를 배우고자 하는 의욕은 전 생애에 걸쳐서 진행된다고 한다. 어린이들에게 역사에 대한 흥미와 관심을 가지도록 하는 교육은 어린이 한 사람 한 사람이 일생 동안 역사에 관심을 갖고, 배움을 계속 이어가도록 하는 의욕이나 태도의 기초를 만드는 근원이라는 점에서 중요하다.

초등학교 단계에서 역사를 싫어하는 어린이를 만들어서는 안 될 것이다. "역사란 재미있네요. 역사에서 인물의 생활방식 등 여러 가지를 배우고 있어요", "앞으로도 더 역사를 공부하고 싶습니다"라고 말하는 어린이의 솔직한 목소리를 들을 수 있도록 해야 한다는 뜻이다. 이를 위해서는 그 어떤 것보다, 어린이들이 역사를 배우는 즐거움을 음미할 수 있도록 하는 학습을 강구하는 것이 필요하고, 인물의 행동이나 문화유산을 중심으로 해서 구체적으로 이해하기 쉬운 학습활동을 전개해야 한다.

2) 자국에 대한 사랑

초등학교 역사학습을 통해 어린이들에게 심어줄 자질과 능력으로 자국에 대한 사랑을 들 수 있다. 중학년(3·4학년)의 사회과에서는 주로 자신들이 살고 있는 지역사회를 대상으로 해서 학습한다. 여기에서는 어린이들에게 자신이 살고 있는 지역사회의 특색이나 장점을 이해시키고, 지역사회의 일원으로서 자각이나 긍지 및 향토애를 가지도록 하는 것을 목표로 내세우고 있다. 이러한 것들은 지역사회의 주민이 되는 데에 필요한 자질이고, 지역사회를 대상으로 한 학습의 기초·기본이 되는 것들이다.

여기에서 고민해야 할 과제는 이러한 중학년에서 배양된 지역사회에 대한 이해나 견해 및 태도 등의 자질이나 능력을 그 이후의 학습에서 어떻게 충실히 발전시킬까 하는 점이다. 다시 말하면 역사학습을 통해 자국에 대한 사랑을 어떻게 배양할까 하는 것이다.

인간은 누구든 다양한 집단이나 사회에 속하여 그 속에서 성장하며 살고 있다. 자신이 태어나고 교육받은 집단이나 사회에 대하여 이해를 심화하고, 긍지와 애정을 갖고자 하는 것은 모든 사람들이 공통적으로 원하고 있는 기본적인 욕망이다. 바로 이 기본적인 공통 욕망을 어린이들로 하여금 성취할 수 있도록 학교 역사교육이 도와

주어야 한다.

 우리는 가족의 일원으로, 그리고 이웃의 일원으로, 또는 시·군민의 일원으로, 더 나아가 시·도민의 일원으로 살고 있다. 그래서 잊어서는 안되는 것은 자기 나라에 대한 이해와 인식을 심화시키고, 국민으로서의 자각과 긍지를 기르는 것이다. 자기가 살고 있는 국가에 대한 이해나 의식이 충분하지 못하면, 근래 자주 말하는 지구촌 사회의 일원을 육성하는 것도 불가능한 일이 되기 때문이다. 넓은 시야를 토대로 이문화(異文化)를 이해하고 존중하는 태도나 다른 문화를 가진 사람들과 함께 살아가는 태도 등을 육성하기 위해서는 먼저 자국의 역사나 전통 등에 대하여 이해를 깊게 하는 것이 매우 중요한 요건이다. 이것은 한 사람 한 사람이 한국인으로서 자기 확립을 도모하는 길이고, 국제사회의 일원으로 평가받는 데에 필요한 것이다.

 그 경우 국가에 대한 이미지가 호의적으로 형성되어 있는 것이 중요하다. 자국에 대한 부정적인 국가관으로는 타국을 사랑하기가 어렵다. 왜 그러냐면 자기가 소속되어 있는 집단(가족, 지역사회, 국가)에 애정을 갖지 않으면, 타 집단(인접한 가정, 마을, 나라)에 대한 공감이나 이해가 생겨나지 않기 때문이다. 더구나 함께 살고자 하는 의식이나 태도는 육성되지 않는다고 생각되기 때문이다. 또한 외국인으로부터 신뢰나 존경을 얻을 수도 없다. 결국 자신의 인생 좌표를 올바르게 갖고 진정한 국제사회의 일원이 되어 주체적이고 보람찬 삶을 이어가기 위해서는 자국에 대한 사랑이 수반되어야 한다는 것이다.

3) 역사적 사고방식의 기초 육성

 역사학습을 통하여 어린이들에게 마지막으로 어떤 자질과 능력을 길러주어야 할까? 역사적 사고방식과 역사에 대한 학습방법의 기초를 길러주어야 할 것이다. 이와 관련하여 여기에서는 세 가지 중요한 사항을 언급하고자 한다.

첫째, 역사적인 사실(事實)에 의거해서 보거나 생각하는 것이다. 역사학습에서 학습 장면으로 활용되는 자료는 중요한 의미를 갖는다. 예를 들면, 한 장의 문서 자료를 기초로 학습이 진행되는 경우가 많다. 그러한 것들은 사료라고 말하기보다는, 차라리 어린이가 공부하기 쉽도록 또는 이해하기 쉽도록 말로 표현한다거나 약간 가공한다거나 하는 경우가 대부분이다. 교사는 "여기에 무엇이 적혀있을까?"라고 질문을 한 후, 학생들로 하여금 사실을 정성들여 읽고 이해하는 것을 중시하도록 하고, 그것들을 토대로 한 사람 한 사람이 사실을 해석할 수 있도록 한다. 해석의 방식은 각각 다를 수 있고, 그 점 때문에 새로운 의문이나 과제가 파생되기도 한다.

자칫하면 한 장의 자료를 제시해서 "어떤 것을 깨달았습니까?"라는 질문만이 주어지지만, 중요한 것은 사실과 그것에 근거한 해석을 구별해서, 자신 나름의 견해나 사고방식을 가지고 살 수 있도록 하는 것이다.

둘째, 사실(事實)이나 사상(事象)을 아는 만큼 다면적으로 보거나 생각하거나 하는 것이다. 또한 역사적인 사실에 대해서 다면적인 견해나 생각을 가질 수 있도록 하는 것도 중요하다. 이것은 공정하게 판단하는 능력을 몸에 베게 하는 것이고, 바람직한 균형 감각을 육성하는 것이다.

초등학교의 어린이들은 사상을 일면적으로 인식해서, 그것이 전체인 양 생각해버리는 경우가 많다. 예를 들면, 조선 말기(19세기 중반)에 행해졌던 쇄국이라는 사실에 대해서, "당시 조선 정부가 외국과 관계를 금하는 쇄국정책을 펴서 우리나라는 외국으로부터 고립되었다"라는 부정적인 생각을 하려는 어린이도 보인다. 그러나 쇄국을 통해서 우리나라가 자립해 나간 과정이나 반드시 전면 폐쇄하였던 것은 아니라는 점은, 이미 많은 사람들이 지적하고 있는 상황이다.

역사학습에 있어서 사실이나 사상을 가능한한 다면적으로 인식하고, 공정하게 판단하도록 하는 태도나 능력의 기초를 육성하는 것은 중요한 일이다. 역사는 우리에게 우리가 볼 수 없는 것을 가르쳐주고 우리가 볼 수 있는 것이 분명하지 않다는 점을 알려주기 때문이다.

셋째, 학습의 한계성(限界性)을 인식할 수 있도록 하는 것이다. 지금 학습해서 이해하거나 생각한 것은 어디까지나 현재까지 존재하고 연구된 것에 불과하다. 앞으로 새로운 해석이 가해지고 새로운 자료가 나오면 자연히 역사에 대한 견해가 이전과 달리 제시될 가능성이 있다. 이러한 공부 방법을 어린이들의 몸에 베이도록 해야 할 것이다. 그럴 경우 어린이들은 역사에 대한 상상력을 느끼게 된다.

현재 전국 각지에서 유적이나 유물이 발굴되고 있다. 또한 새로운 사료도 발견되고 있다. 그에 따라 지금까지의 역사가 새롭게 해석되고 서술되어 바뀔 수도 있다. 역사에 대한 해석은 역사학자들이 증거를 조사하는 데 있어서 더 정교한 기술들을 발전시키고 다른 종류의 증거를 수집함에 따라 변화하게 된다는 것이다.

가령, 1966년에 경주 불국사 석가탑에서「다라니경」(751년 이전 인쇄)이 발견되기 전까지, 세계 최고의 목판 인쇄물은 일본의「백만탑 다라니경」(770년 인쇄)이었다. 그런데「다라니경」이 발견되어 세계 최고의 목판 인쇄물로 밝혀짐으로써, 기존의 이해는 바뀌게 되었던 것이다. 또한 1920년대에 많은 역사학자들은 세계 최고의 기대 구조물이 이집트의 피라미드라고 주장했던 것을 생각해 보자. 이 주장은 1960년대에 탄소동위원소를 이용한 연대 측정 기술의 도입으로 잘못

임이 판명되었는데, 이 기술에 의해 스톤헨지(Stonehenge) 같은 북유럽의 유물은 대부분의 피라미드들보다 더 일찍 건축되었다는 것이 밝혀졌다.

이러한 경우는 과학에서도 흔히 발견된다. 가령, 30·40년 전에 원유의 매장량은 30·40년 사용할 수 있는 분량이라고 했다. 그대로라면 지금쯤 원유는 바닥나야 하는데, 지금도 여전히 원유를 채굴하고 있다. 최근 언론 보도에 의하면, 전 세계의 석유 수요가 꾸준히 늘고 있는 사정을 감안하더라도 현재 원유 매장량은 40년 이상 충당할 수 있을 전망이라고 한다. 아마 탐사기술의 발달로, 전에 알지 못했던 유전을 발견한 결과일 것이다.

이것은 지금부터라도 역사에 관심을 가지고 계속해서 공부하는 것이 필요하고, 지금 배운 내용이 반드시 절대적인 것이 아니며 변할 수 있다는 생각을 하게 하는 것이 필요하다는 점을 의미한다.

2. 역사에 대한 이해·애정의 배양

1) 친근한 소재를 중심으로

초등학교의 역사학습은 당연히 중고등학교나 대학교 또는 시민교양의 그것과 달리 초등학교다워야 한다. 초등학교다운 역사학습이란, 학습하는 어린이 한 사람 한 사람이 역사에 대한 흥미와 관심을 가지고, 역사에 대한 이해와 애정을 키울 수 있도록 지도하는 것이다.

지금까지의 역사학습(특히 통사학습)은 각 시대의 특색 파악을 목표로 하고 있다. 현행 교육과정에서도 "각 시대의 특색을 중심으로 우리나라의 역사적 전통과 문화의 특수성을 파악하여 우리 문화와 민족사의 발전상을 체계적으로 이해하며, 이를 바탕으로 인류 생활의 발달과정과 각 시대의 문화적 특색을 파악한다"고 한다. 이 문제는 역사학습에서 떼어놓을 수 없는 것이지만, 그 목표를 실현하기 위하여 괜스레 많은 역사적 사실을 다루어 왔던 것이 우리의 실정이다. 그에 따라 초등학교에서도 망라적(網羅的)이고 추상적(抽象的)인 학습을 적지 않게 행해왔다. 가령, 조선 후기 사회변화의 측면을 추구하기 위해 설정한 실학이라는 주제에서, 유형원(반계수록), 박제가(북학의), 홍대용(의산문답, 담헌서), 정약용(여유당전서), 유득공(발해고), 김정호(대동여지도), 유희(언문지) 등 7명의 실학자가 교과서에 등장한다. 조선 후기 사회의 어떤 측면의 새로운 모습을 설명하기 위해 이렇게 많은 인물이 등장하는지 궁금하지 않을 수 없다.

이처럼 많은 사실을 망라적으로 다루는 역사학습으로 인해, 많은 어린이들은 역사를 암기해야 하고 어려운 것으로 인식하고 말았고, 그 결과 학교 역사교육은 많은 어린이들로부터 멀어지게 되었다. 역사에 대한 이해와 애정의 육성을 초등학교 역사학습의 목표로 두고 중시해야 할 필요성이 여기에 있는 것이다.

초등학생이 익혀야 하는 역사에 대한 이해와 애정이란 어떤 의미일까?

우선, 역사에 대한 이해란 역사상의 여러 사실을 암기하고, 그 지식의 양을 증가시키는 것이 아니다. 그 보다는 사실과 사실의 관계를 드러내 보이거나, 사실이 지닌 역할이나 의미를 파악하는 것이다.

이러한 것들을 어린이가 단순히 객관적으로 파악하는 데에 그쳐서는 안 되고, 자신과 연관시켜 파악하도록 해야 한다. 역사상의 주요한 사실을 자신과 연관시켜 파악하면, 그것은 그 어린이의 삶에서 활용 가능한 지식이 된다. 배운 것이 그 어린이의 삶에서 활용 가능

한 지식이 되면, 진실로 역사를 이해한 것이라고 말할 수 있다.[6]

또한 역사에 대한 애정이란 역사의 이해와 깊게 관련되어 있는 것이다. 올바른 역사이해는 지역사회나 우리나라의 역사에 대한 관심을 갖게 하고, 역사를 소중하게 생각하도록 한다.

말할 나위도 없이, 초등학교의 역사학습은 사회과 속에서 행해지고 있다. 사회과의 목표는 사회생활에 대한 이해를 도모하거나 우리나라의 국토와 역사에 대한 이해와 애정을 키우는 것으로 삼고 있다. 결국 사회생활에 대한 이해를 도모한다는 것은 단순히 현재 사회생활만을 이해한다는 것이 아니다. 우리나라 국민생활을 유지하고 발전시켜 온 선인들의 활동을 구체적으로 이해하는 것이 그 근저에 있어야 한다. 지금까지 살아온 선인들의 활동 위에 지금의 우리나라가 있고, 국민생활이 이루어지고 있는 것이다. 이것은 또한 오늘날 사회 사람들의 활동이 머지않아 우리나라의 발전과 사람들의 행복 증진에 공헌하게 된다는 것을 의미한다.

결국 역사에 대한 이해와 애정이란, 위에서 언급한 것처럼 선인들의 활동을 올바르게 이해하는 것뿐만 아니라, 이후 우리나라의 발전을 바라고, 그 위에 역사를 소중하게 삼고자 하는 마음을 기르는 것을 의미한다.

---

[6] 역사 교사들이 가지고 있는 고민 중 하나는 '어떻게 하면 재미있는 수업을 할 수 있을까?'이다. 사실 역사수업이 재미만을 추구하는 것은 아니다. 역사를 보는 눈을 강조하거나 역사의식을 이야기해야 할 때도 있으며, 별로 재미가 없더라도 알아야 할 중요한 사실들도 있다. 그러나 재미없는 역사수업이 갖고 있는 가장 커다란 문제점은 학생들에게 와닿지 않는 내용을 전한다는 것이다. 즉 학생들은 수업에서 다루는 내용을 자신의 삶과는 관계없는 이야기라고 여기기 때문에 흥미를 느끼지 못하는 것이다(김한종, 『역사왜곡과 우리의 역사교육』, 책세상, 2001, 129쪽).

2) 어린이의 감성을 활동시켜서

역사에 대한 이해와 애정을 기르기 위해서는 어린이의 감성을 활동시키는 표현활동이 필요하다. 초등학교의 역사학습에서 어린이 한 사람 한 사람의 표현력을 높이는 것은 매우 중요한 일이다. 특히 어린이가 역사적 사실을 주체적으로 추구해서 역사에 대한 이해와 애정을 갖는 것과 그 아이다운 표현력과는 깊은 관계가 있다. 어린이가 역사사실을 올바르게 이해할 수 있을지 어떨지는 그 아이의 표현을 통해서 평가될 수 있다. 여기서 말하는 평가란, 평정(評定)과는 다른 것으로, 그 어린이의 이해 정도를 보는 것을 의미한다.

어린이의 표현능력은 사실 다양하다. 만화로 표현하는 것이 자신 있는 어린이가 있는가 하면, 레포트로 정리하는 것에 자신을 갖고 있는 어린이도 있다. 또한 신문 만들기에 흥미를 갖고 있는 어린이가 있는가 하면, 극화하는 것에 그 어린이다움을 발휘할 수 있는 어린이도 있다.

항상 모든 어린이에게 동일한 방법을 사용하여 표현을 시키는 것은 피해야 한다. 역사에 대한 이해와 애정을 육성하기 위해서는 이해한 것 등을 자신 나름의 가장 뛰어난 표현방법을 선택하게 하여 자신 나름의 언어로 풍부하게 표현하게 하는 것이 중요하다. 특히 역사에 대한 이해와 애정은 교사가 일방적으로 강요해서는 안 된다. 어린이다운 순수한 마음을 소중하게 갖게 하여 그 어린이 나름의 생각이나 느끼는 방법, 의문을 품은 것 등을 생각대로 표현하게 할 수 있도록 해야 한다. 그를 위해서도 역사학습에서는 '정답은 하나다'라는 발상을 버리고 '다양한 사고'를 중시하는 자세로 나가야 할 것이다.

이를 위해 최근 초등학교의 역사학습에서 빗살무늬토기를 진흙으로 만들거나 움집을 만드는 체험적인 활동, 그리고 선사시대 사람들의 음식물을 시식하거나 역할극을 공연하는 등 역사적 사실을 추체험하는 활동 등이 각지에서 실천되고 있다. 기존의 학습활동을 여러 가지로 궁리하여 어린이로 하여금 역사를 친근하게 느끼고 즐겁게 배울 수 있도록 하고 있다. 이것은 역사수업을 개선하는 방법으로 높이 평가할 수 있는 일이다.

그러나 이것만으로는 역사를 즐겁게 공부할 수 없다. 기존의 학습만을 되풀이한다면(비록 기존의 학습으로 즐겁게 공부한다고 하더라도), 그러한 활동으로는 흥미를 갖기 어렵다. 역사를 진실로 즐겁게 공부한다는 것은, 어린이 한 사람 한 사람이 역사를 공부하는 의미를 이해하여 주체적으로 공부하려는 의욕을 계속해서 불태우는 것이다. 다시 말하면 어린이 자신이 역사를 공부하고자 하는 의욕을 스스로 일으키게 하는 것이다.

그것을 위해서는 무엇보다도 어린이의 내발적(內發的)인 동기 부여를 중시하여 감정이나 심정을 자극하는 등 어린이의 감성(感性)을 활동시키는 수업 만들기가 필요하다. 어린이의 역사이해 방식은 어른들의 그것과 크게 다르다. 어린이가 역사사실을 이해하는 순서를 들면 다음 〈표 8〉과 같다.

〈표 8〉 어린이의 역사사실 이해 순서

단계	내용
① 사실과 마주침	'이것은 보통이 아니다', '이것은 이상하다' 등처럼 관심(놀람, 의외감)을 갖고 사실과 접한다.
② 사실의 의미 알아채기	개개 사실의 의미에 대하여 새로운 발견을 한다.
③ 사실 간의 관련 파악	사실과 사실을 연결하여 서로 관련되어 있음을 파악한다.
④ 자신과 사실의 관계	사실과 자기 자신의 관련성을 파악하여 자신의 언어로 표현한다.

어린이는 알지 못하는 역사사실과 부딪혔을 때, '이것은 보통이 아니다'라거나 '이것은 이상하다'와 같은 놀람과 의외감을 가질 수 있다. 이 놀람과 의외감은 '이것은 어떻게 되는 것일까'라는 그 어린이 나름의 질문을 만들어 내고, 거기에 'ㅇㅇ이다고 생각하지만'라던가 '더욱 상세히 조사해보고 싶다', '△△을 조사하면 알 수 있을까'와 같은 추구 동기를 높이는 요인이 된다.

이렇게 어린이의 내발적 동기를 환기시키는 작업은 초등 역사학습의 밑바탕을 만든다. 그를 위해서도 역사사실과의 마주침은 어린이의 역사이해를 확실하게 하는 데에 있어서 중요한 열쇠가 된다. 또한 어린이에게 역사적 사실을 올바르게 이해시키기 위해서는 사실과 사실의 관련을 구체적으로 이해시키는 노력이 필요하다.

예를 들면, '세종대왕과 한글 창제' 학습에서 세종대왕의 업적을 일일이 단편적으로 열거하는 것은 중요하지 않다. 세종대왕이 집현전의 기능을 강화한 것과 민족문화를 발전시킨 것, 한글을 창제한 것 등은 어떤 관련이 있는 것일까에 중점을 두어 그 관련성을 생각하게 할 수 있다. 이렇게 하여 사실 간의 연계를 드러내 보이는 것이 어린이들에게는 인물의 활동을 구체적으로 이해할 수 있는 길이 된다.

이때 교사는 "이것만은 가르치고 싶다", "이것은 생략할 수 있다"라는 식으로 교재를 이해해야 한다. "가르치자"라고 하는 교사의 논리가 우선시 되어 저것도 이것도 모두 받아들이고, 결과적으로 철저히 가르쳐야 한다는 강한 의욕이 앞서서는 안 된다.

3) 역사교재를 음미하여

어린이 한 사람 한 사람의 감성을 움직이게 하는 역사학습을 구축할 때에는, 무엇보다도 교재의 음미가 필요하다. 구체적으로는 교사가 준비한 교재를 어떻게 하여 어린이가 배울 학습 재료로 삼을 것인가, 또는 어떻게 하여 어린이의 감성을 자극하게 할 것인가를 음미하는 것이다. 그를 위해서 교사는 역사 교재를 망라적으로 취급한다는 발상을 버려야 한다. 어린이가 감성을 발동시켜 역사적 사실을 올바르게 이해할 수 있는 역사학습을 성립시키기 위하여 교재 음미의 시점으로 아래의 다섯 가지 조건을 여기에서 들고 싶다.

〈표 9〉 교재의 음미 시점

유형	내용
① 학습의욕을 생기게 하는 교재	놀라움, 의문, 모순, 대립, 호기심 등을 느끼게 하는 것
② 흥미·관심을 불러일으키는 교재	어린이의 심정에 호소하여 감동을 끄는 것
③ 어린이가 해석할 수 있는 교재	어린이의 발달 단계를 고려하여 사실의 의미를 이해할 수 있는 것
④ 단원의 지도 목표에 접근하는 교재	목표 접근을 의식해서 해결의 실마리를 지니고 있는 것
⑤ 시대를 이미지화할 수 있는 교재	그 당시 살았던 사람들에 대한 공감적 이해가 가능한 것

여기에서 제시한 것처럼, 역사교재는 학습지도의 시점에 따라 ① 학습의욕을 생기게 하는 교재, ② 흥미·관심을 불러일으키는 교재, ③ 어린이가 해석할 수 있는 교재, ④ 단원의 지도 목표에 접근하는 교재, ⑤ 시대를 이미지화할 수 있는 교재 등 다섯 가지로 나눌 수 있다.

그러므로 하나의 교재를 하나의 시점으로 한정해서는 안 된다. 하나의 교재에는 여러 시점이 포함되어 있기 때문에, 어린이가 의욕적으로 추구할 수 있도록 교재에 많은 시점을 부여하는 것이 필요하다.

6장 초등 역사학습의 핵심개념

1. 과거

1) 과거와 어린이

역사를 공부하는 데 있어서 시대나 지역을 초월하여 어떤 개념들이 핵심요소일까? 역사학습에서 핵심적인 개념을 분류하는 기준은 관점에 따라 다양할 수 있다. ① 역사의 구체적인 사실과 관련된 개념이 있고(호족 세력, 귀족 사회, 양반 사회, 실학 운동, 개화 운동 등), ② 사회과학적 개념이 있고(문화, 문명, 가치, 권력, 갈등, 개혁, 혁명, 이념 등), ③ 역사의 본질과 관련된 개념이 있고(인과 관계, 변화, 계속성, 동기 및 의도, 증거 및 역사적 방법 등), ④ 사회과에서 일반적으로 이용되는 개념이 있다(인과 관계, 갈등, 협력, 문화적 변화, 차이, 상호의존, 수정, 권력, 사회적 통제, 전통, 가치 등).

여기에서는 이들 가운데 역사의 본질과 관련된 개념을 중점적으로 검토하고자 한다. 역사학습은 제1차적으로 과거의 여러 사실들 가운데 무엇을 어떻게 알아야 하는지를 알려주는 시간 지향적인 학습이라고 정의할 수 있다. 따라서 역사를 지도하는 데에 있어서, 중요한 목표 중의 하나는 아이들의 시간에 관한 감각이 발달될 수 있도록 도와주는 것이라고 보여진다.

그런데 우리는 대부분 모든 사회적 현상을 시간 차원과 공간 차원을 함께 종합하여 조작한다. 예를 들면, "1919년 3월 1일에 탑골 공원에서 독립만세운동이 일어났다" 또는 "나는 수요일에 일본 대사관 앞에서 열린 일본군 위안부 할머니 집회에 참석했다"와 같은 묘사법의 영향을 받아 사람들은 역사적 사건의 의미를 결정짓는다. 이상의 사례는 우리가 사회적 현상을 이해하는 데 있어서, 시간적 차원을 매우 중요하게 여기고 있다는 것을 증명한다.

한편, 어린이들이 어렸을 때의 이야기를 들려달라고 조르는 경우를 종종 접할 수 있다. 어린이들은 자신들이 어제 했던 일에 대한 이야기에도 아주 흥미로워한다. 이는 어린이들이 자신들의 과거에 대해 관심이 매우 높고, 그 관심이 끊임없이 지속된다는 것을 의미한다. 어린이들의 이러한 관심만으로도 어린 학생들에게 역사를 가르칠 이유가 있다.

역사가 어린이들에게 중요한 데에는 또 다른 이유도 있다. 인간은 자신의 과거를 이해함으로써, 그들 자신을 이해하려고 한다. 또한 인간은 과거를 알게 되면, 그것을 역사적인 사고방식으로 연결하고 확산시키려 한다. "나는 누구인가", "과거에는 어떤 일이 있었는가", 그리고 "나는 과거의 것들과 어떻게 연결되어 있는가", "세계는 어떻게 변화했고, 미래에는 어떻게 변화할까" 등을 생각한다. 이러한 생각은 어린이들에게도 마찬가지로 존재한다. 다시 말하면, 어린이들에게 시간과 그 변화 및 계속성(지속성, 연속성)이 상당한 관심사라는 것을 쉽게 짐작할 수 있다.

따라서 역사학습의 주제는 과거를 토대로 한 시간, 지속성, 그리고 변화이다. 이러한 것들에 대한 학습은 아동들이 그들의 역사적인 뿌리를 이해할 수 있게 하고, 시간의 흐름 속에서 자신을 발견할 수 있게 한다. 과거를 시간의 흐름 속에서 읽어내고 재구성하는 법을 아는 것은 역사적 견해의 발달 그 자체인 것이다.

2) 어린이의 과거

시간의식이 발달하기 시작한 초등학교 학생들은 '옛날'이란 말을 들으면, 어떤 생각을 하게 될까? "옛날 옛날에, 아주 오랜 옛날에…."란 옛날 이야기(막연한 옛날), 아버지나 어머니가 태어날 무렵의 옛날(한 세대전의 옛날), 공룡이 지구상을 지배하고 있던 옛날(아득한 옛날) 등등을 혼합하여 어린이들은 '옛날'이라는 이미지를 만들 것이라고 생각한다.

이 세상에 태어나서 단지 10년밖에 살지 않은 어린이들, 그리고 태어난 지 20년, 30년 40년 지나 여러 가지 지식을 지니고 있는 어른들이 생각하는 '옛날'은 크게 차이가 날 것이다. 어린이들에게 서울 올림픽이 옛날이라면, 제2차 세계대전도 옛날이고, 3·1운동과 강화도 조약 체결도 마찬가지 옛날이다.

이러한 감각의 어린이들에게 시간 흐름 의식, 즉 시간의식을 몸에 베이도록 하는 일은 학교 역사교육에서 중요한 역할중 하나이다. 아이들은 시간에 대한 개념을 어떻게 습득할까? 대부분의 아이들은 그들의 가정생활을 통하여 일어날 시간, 먹고 놀고 잠잘 시간이 있음을 배운다. 구성원들끼리 나누는 언어와 매일 매일 반복하는 경험을 통해서 아이들은 과거, 현재, 미래를 구별하기 시작한다. 이 중에서 어린이들에게 가장 관심 있는 것은 눈앞에 존재하는 현재다. 그런데 현재는 그것을 생각하는 순간 과거가 된다. 따라서 과거와 현재는 중요한 시간상의 개념이다.

그런데 최근 우리는 시간에 대한 의식을 극도로 압축하고 거대하게 확장해서 경험하고 있다. 이는 시간을 측정하는 기계가 점점 더 정밀해지고 정확해진 결과다. 컴퓨터로 계산되어지는 시간은 백만초와 마이크로초(100만 분의 1초)를 측정하게 되었다. 반면에 지구의 역사뿐만 아니라, 전 세계의 시간적 거리에 대한 우리의 지식은 계속 확장되고 있다. 마치 시간의 개념이 흔들리고 있는 것처럼, 혹은 바뀌고 있는 것처럼 생각하기 쉬운 양상이다.

이러한 양상은 그 어떤 기계도 존재하지 않는 일상 속에서도 느낄 수 있다. 즐겁게 즐기고 있을 때는 시간이 빨리 지나가는 것처럼 느껴진다. 반면에 우체국에서 순서를 기다리거나 병원 예약을 기다리고 있을 때는 시간이 천천히 가는 것처럼 느껴진다. 우리는 어른이 된 후, 이러한 차이가 시간에 대한 주관적인 개념이라는 것을 알게 된다. 그러나 아이들은 그들이 경험한 차이가 착각이라는 것을 확실하게 이해하지 못한다. 그들은 시계의 한결같은 운동이나 빠르기를 이해하지 못한다. 그들은 그들이 어떻게 시간을 경험하는지에 따라 시계가 좀 더 빠르게 또는 좀 더 느리게 운동한다고 믿는다. 실제 일부 아이들은 학교에서 보내는 시간은 정말 늦게 가는 것 같다고 이야기한다.

시간을 객관적으로 만들기 위해, 우리 인류는 역법(曆法)에 의해 시간의 단위를 조직하였다. 우리는 두 가지 형태의 역법을 경험하고 있다. 하나는 양력(陽曆)으로, 현재 국제적 표준으로 사용되고 있다. 또 하나는 음력(陰曆)으로, 1896년에 법적으로 혁파되었지만 지금도 여전히 사용되고 있다. 역법의 중요성은 어떤 특별한 의미를 가진 시간의 지나감을 형상으로 제공해 준다는 것이다. 그것들은 우리의 삶에 의미를 주는 도표이다. 달력에 우리의 생일, 우리가 축복해야 할 휴일, 약속, 일과 휴가 스케줄을 표시한다. 역법을 사용하고 시간을 말하는 것은 우리 사회에서 기능적으로 매우 필요한 것이다.[7]

2. 시간

많은 사람들은 시간(time) 개념에 대해서 혼란을 경험했던 유년 시절을 생생하게 기억하고 있을 것이다. 초등학교 선생님들이 역사를 가르칠 때에 19세기나 20세기 같은 용어를 사용해야 한다고 생각하는가? 아니면 1800년대에 기차가 발명되었고 1900년대에 비행기가 발명되었다고 말하는 것이 낫다고 생각하는가? 이미 여러분들은 어떻게 하는 것이 옳은 방법인지를 직감적으로 느꼈을 것이다.

역사적 사고의 영역에는 '연대기적 사고(chronological thinking)'가 있다. 연대기적 사고는 사건들이 일어난 순서를 확인하기 위해 과거, 현재, 미래의 역사 시간에 대한 감각을 획득하는 과정이다. 어린 학생들은 사건들이 시간의 순서대로 일어난다는 것을 알아야 한다. 사건들을 재구성하고, 연결되는 이야기를 말하기 위해 이와 같은 사건의 순서를 이해하는 것은 중요하기 때문이다.

연대기적 사고를 펼치기 위해서는, 시간 개념을 이해해야 한다.

---

[7] 시간에 대한 지식을 넓히려면 다음의 연구가 참고된다. 유영미 옮김, 『시간의 놀라운 발견』, 웅진지식하우스, 2007 ; 최광열 옮김, 『시간의 문화사』, 북로드, 2007.

시간 개념은 일상생활 속에서도 중요하다. 벤자민 프랭클린(Benjamin Franklin)은 "시간은 돈이라는 것을 명심하라"고 말했다. 이것은 시간을 경제적 이익을 얻는 것으로 생각하는 몇 가지 격언 중의 하나일 것이나, 현대 도시 산업화 사회에서 시간이 중요하다는 것을 강조한 말이기도 하다. 계획에 늦지 않게 갈 수 있는 비행기, 열차, 버스의 운행은 물론, 사업장, 공장, 교회, 공공사업, 스포츠 행사, TV프로그램 등 시간은 어디에서도 중요하다. 우리가 바쁘다고 하는 것은 "생산적으로 시간을 현명하게 사용하는 것"으로 받아들인다. 왜냐하면 시간은 우리가 살아가는 데에 중요한 일용품과 같고, 우리는 시간을 낭비하는 자와 게으름뱅이가 되는 자를 좋게 평가하지 않는다.

이렇게 시간은 중요하고 일용품과 같은 것인데, 시간의 개념을 인식하는 인간의 능력은 많은 연구에도 불구하고 상당 부분이 신비에 쌓여 있다. 시간에 대한 지각은 문화가 형성되면서부터 발달한다는 것은 거의 정설이다. 미국이나 대부분의 선진국처럼 시간을 지키는 것에 대하여 매우 엄격한 문화를 가지는 국가가 있는가 하면, 그렇지 않은 나라도 있다. 그것은 그 당시의 사회 구성원의 의식과 사회적인 규범과 관련이 되는 것이기는 하나, 어쨌든 인간이 시간 개념을 이해하는 능력은 매우 다양하다고 많은 학자들은 언급하고 있다.

물론 어린이들은 학교 밖의 일상생활에서 시간에 대해서 많이 배우게 된다. 학교에서 가르쳐주지 않더라도, 대부분의 어린이들은 일주일의 요일들과 일 년의 열두 달을 배우고 말하며, 정오·한밤·오후·아침과 같은 시간의 단위를 사용함으로써 시간의식에 친숙해진다. 학교 교육은 그러한 표현을 정확하고 적절히 기르쳐주기도 하지만, 그것들을 실제로 사용할 수 있는 기회를 많이 제공함으로써 시간에 익숙하게 해주는 역할을 한다. 모의 시계로 하는 수업은 하루의 일과 활동 계획을 적용해 봄으로써 아이들에게 시간의식과 함께 시계를 다루는 방법을 충분하게 가르쳐 준다.

역사학습의 주요 목표는 시간이나 연대(좀 더 성숙한 시간 감각)를 이해하는 면에 초점이 맞추어져야 한다. 이는 시간과 연대를 기술적인 언어로 표현하기, 연대순으로 사건 배열하기, 역사적 사건을 구분하는 시간적 경계에 대해 이해하기를 발달시키는 것을 말한다.

연대기적 사고를 신장하기 위해 어린 학생들은 일, 주, 월, 년, 10년, 세기, 그리고 B.C, A.D 등 모든 역사학자들이 사용하는 시간의 단위를 알아야 한다. 그리고 교사들은 그들이 역사 사건들을 의미 있는 순서로 배열하도록 도움을 주는 사건 고리(event chains)와 연표를 활용할 수 있다. 처음으로 본격적인 역사적 내용을 학습하는 중학년 단계에서 정확한 연표의 작성 방법과 읽는 방법을 몸에 베게 하는 것은 앞으로의 역사적 학습의 기반이 되고, 시간의식의 육성에 큰 역할을 줄 것이다. 이 점은 뒤에서 따로 자세히 살펴보도록 하고, 여기에서는 우선 사건 고리에 대해서만 검토하겠다.

때때로 사회과 학습은 중요한 사건들의 순서(임진왜란의 순서)나 역사 인물의 일생에 대한 연보(세종대왕의 업적)를 다룰 수 있다. 사건 고리는 전체에서 중요한 부분을 나누는 일련의 틀을 제시함으로써, 중요한 사건들의 순서(어떻게 한 사건이 다른 사건을 초래했는지)를 기술하는 데에 유용하다.

시간의식을 가르치는 데에 있어서 주의할 점도 있다. 역사적 의미의 시간을 완벽하게 다루는 수준은 상당히 성숙한 지식과 이해를 요구하기 때문에, 초등학교 학생들에게 크게 기대될 수 없다. 시간 개념의 발달은 사람들이 경험하는 범위 내에서 시간의 상황과 함께 시작된다. 따라서 어린이들이 시계의 시간을 읽는다거나 하루, 요일,

달, 계절, 년 같은 시간에 대해 스스로 언급하면 그것을 이해하게 하는 데 적극적으로 도움을 주어야 한다. 저학년 어린이가 100년 전에 일어난 것에 대한 언급을 하더라도 그 표현에 대한 진정한 의미를 이해하기가 어려우며, 그냥 오래전에 무엇인가 일어났다는 막연한 언급으로 사용하기 때문이다.

역사를 가르칠 때 과거에 대한 언급으로 '옛날', '여러 해 전에', '몇 년 후에' 등과 같이 한정되지 않은 표현을 자주 사용한다. 이러한 표현은 어른들에게도 잘 이해되지 않을 뿐만 아니라, 어린이들에게는 아무런 의미가 없는 것이 된다. 어린이들에게 '옛날'은 10년도 채 안 된 의미로 비쳐질 수 있다. 따라서 교사들은 학습된 기간 내의 사건 내용 안에서 그 의미를 토론하고, 부모나 조모부가 어린이였을 때, 아이들이 태어나서 지나간 시간, 학교 다닐 때 등과 같이 어린이들에게 친숙한 시간들을 사이사이에 관련시킴으로써, 추상적인 의미를 담고 있는 시간의 개념을 구체화하도록 지도할 필요가 있다.

3. 변화

여러 면에서 볼 때에, 역사 연구는 변화(change)에 대한 연구다. 그러므로 변화의 개념을 습득하고 정치·사회적인 변화 양상을 파악하는 것이 역사교육의 주된 목표가 된다.

몇몇 변화는 진보적이지만, 그렇지 않은 것도 있다. 그럼에도 불구하고 변화는 보편적인 것이다. 우리가 어디에 살든지, 어떻게 살든지 간에 변화는 우리 삶의 일부분이다. 변화를 받아들이고 적응하는 것은 삶을 풍요롭게 하는 데에 중요한 일이다.

운송의 경우 이러한 변화를 겪었다. 옛날 사람들은 물건을 몸으로 이동하였는데, 그것이 힘들고 느렸기 때문에 말이나 소를 이용하기 시작했다. 하지만 대부분의 물건은 선박에 의해 운반되어, 당시 사람들을 강가나 해안가에 거주하게 하였다. 점차 육상 교통이 발달하게 되었는데, 마차와 마차가 달릴 수 있는 잘 닦인 도로가 등장하였고, 기차가 발명되고 철길이 개설되어 운송의 속도는 더욱 빨라지게 되면서 내륙 지역의 발전을 가져왔다. 이러한 변화는 항공 운송을 낳게 되었다.

그러므로 어린이들은 변화에 두려워하기 보다는, 변화의 불가피성을 받아들이는 방법을 배울 수 있고, 그들이 경험하는 변화에 적응하는 방법도 배울 수 있다. 어린이들의 주변 환경은 변화를 경험할 수 있는 기회와 학습할 수 있는 도구를 적지 않게 제공한다. 어린이들은 학교, 이웃, 자연, 그리고 그들 자신들로부터 변화는 연속적이고 항상 일어나고, 여러 양상으로 우리의 삶에 영향을 미치고, 기록이 가능하고 그 기록은 다른 사람들로 하여금 어떠한 것이 변화했는가를 이해하도록 돕는다는 것을 배우게 된다.

교실 안에서도 모든 것들은 지속적으로 변하고 있다. 어린이들은 특별한 활동을 하기 위해, 또는 효율적인 공간 사용을 위해 가구를 재배치한다. 어떤 기념일(학기 초나 말, 스승의 날 등)을 위해서도 교실은 새롭게 꾸며진다. 학교 교실을 페인트칠하거나 다시 꾸미는 것은 자주 일어나는 변화다. 교실 안의 동물들이나 식물들은 아이들에게 변화를 관찰하는 기회를 제공한다.

변화는 나아가 전체 학교 안에서도 일어난다. 흔히 학교 건물은 계절 변화에 맞게 새롭게 단장된다. 고학년 어린이들은 학교 건물에서 일어났던 변화를 공부할 수 있다. 그들은 건물이 고쳐지기 전의 건물

그림을 찾거나, 학교가 있었던 곳에 한때 무엇이 있었는지에 대한 기록을 발견할 수 있다. 학교의 이름은 어떻게 지어졌으며, 얼마나 많은 사람들이 교장을 지냈는지, 그리고 이 학교 선생님들의 경력까지도 모두 수업을 위한 주제가 될 수 있다. 이때 저학년의 경우 학교의 역사를 살아 있는 것처럼 흥미 있게 만드는 연표(time line)를 제작할 수 있다. 좋은 연표는 학교의 개교부터 시작하여 그것의 작명이나 개관, 그리고 보수나 변화에 대해서 현재까지 있었던 일을 모두 포함하는 것이다.

변화는 아이들의 바로 옆 이웃에서도 끊임없이 발생하고 있다. 새로운 이웃이 이사를 오거나, 집이 새로 세워지거나, 건물이 철거되거나, 거리가 수리되거나, 혹은 공원이 새로 들어서는 것과 같은 변화가 발생한다. 학교 주변에서 일어나는 이러한 변화 현상을 어린이들에게 변화에 대한 지각을 인식시키는 데에 이용할 수 있다.

변화에 대한 관찰은 어린이들로 하여금 시간의 흐름에 따라 변하는 지역사회를 확인하고 비교하도록 한다. 어린이들은 지역사회의 최근 사진을 보고, 무엇이 이곳에 오랫동안 있어 왔는지, 무엇이 새로워졌는지, 그리고 그 이유는 무엇인지 등에 대해 의문을 가질 수 있다. 그러한 의문을 어린이들은 지역 주민을 인터뷰하거나, 시청이나 신문사에 있는 과거 기록을 찾거나, 과거 모습을 모형으로 재현함으로써 해결할 수 있다.

우리가 어린이들에게 제공하는 모든 학습경험이 효과적이기 위해서는, 그것이 그들 자신과 관련되어야 한다. 어린이들은 키가 크고, 새로운 기술을 배우고, 이가 빠지고, 머리를 자르며 변한다. 따라서 역사의 변화에 대한 관찰은 어린이들 스스로 의미를 가지고 시작되어야 한다. 그들이 어떻게 변화했는가에 초점을 맞춰야 한다는 것이다. 그들의 생일, 그들이 태어났을 때의 몸무게, 아기였을 때 먹었던 음식이나 입었던 옷 그리고 찍었던 사진 등을 통하여 그들의 변화를 알아볼 수 있다.

4. 지속성

삶이 끊임없이 변화하기는 하지만, 인간의 경험에는 지속성(continuity)이 있다. 가족의 역사를 조사하고, 기념일을 축하하며 어린이들은 이러한 연속성의 감각을 얻을 수 있다.

가족사 : 어린이들의 역사교육에서 중요한 점은 사람이 그 중심에 있어야 한다는 것이다. 그런데 각각의 가족은 그들의 어린이들에게 전해줄 만한 아주 특별한 것, 혹은 매우 일상적인 것을 과거로부터 가지고 있다. 그러한 가족의 오래전 이야기나 설화들은 초등학교 연령대의 어린이들에게 삶의 지속성을 경험하게 해주는 데에 중요한 역할을 한다.

그러므로 역사를 가르치는 교사는 부모나 조부모들이 자신들의 과거를 자녀나 손자들에게 이야기하는 것의 가치를 알 수 있게 도와주어야 한다. 또한 역사 교사는 자녀나 손자가 하게 될지도 모르는 과거에 관한 질문을 부모나 조부모들이 미리 준비하도록 도와줄 필요도 있다. 그렇지 않다면, 하루하루 마주칠 생계 문제에 급급한 가족들이 어린이들의 질문을 무례하고 짜증나는 것으로 생각할 수 있다.

초등학생들은 자신의 가족을 조사하고 분석할 수 있다. 학생들은 그들의 부모나 조부모들에게 과거에 어디에서 살았고, 무엇을 했는지를 묻는다. 부모나 조부모들은 자녀나 손자들과 함께 그들 가족의 문서, 유적, 그리고 여러 과거 기록들을 공유할 수 있다. 이러한 과정을 통해 아이들은 교실에서 과거와 현재 가족들의 생활, 활동, 신앙, 전통, 가족 구성, 관습 등의 유사점과 차이점을 비교·대조할 수 있다. 그리고 세상은 변하지만 인간은 많은 감정과 느낌들을 계속해서 공유해 나간다는 것을 터득하게 된다.

기념일 축하 : 우리에게는 많은 기념일이 있다. 전통 명절이 있고(설, 보름, 단오, 추석 등), 각종 행사가 있다(3·1절, 4·19, 5·18, 6·25전쟁, 제헌절, 광복절, 국군의 날, 개천절, 한글날 등). 이러한 기념일에 담긴 고유 의미를 음미하며, 기념일을 축하하는 것은 어린이들에게 과거의 다양한 문화유산과 함께 삶의 지속성을 이해하는 데에 도움을 준다.

어린이들과 함께 하는 기념일 축하는 매우 재미있는 행사가 될 수 있고, 그 행사를 통하여 정확하고 확실한 방법으로 역사 개념과 지식을 전달할 수 있다. 또한 기념일은 우리나라와 세계가 공존할 수 있는 문화를 학생들에게 가르치는 데에 중요한 소재가 될 수 있다.

그러나 기념일을 축하하는 것을 가볍게 계획하거나 의례적인 행사로 생각할 때에는 학생들에게 학교수업과 격리된 타성만을 주입하게 될 것이다. 일상적인 학교생활이 유지되는 선에서 추진되어야 하고, 학생들은 기념일 축하를 계획하는 데에 적극적으로 참여하도록 해야 한다. 기념일에 대한 자료를 찾도록 하거나 활동과 경험이 포함되어야 하고, 학부모나 지역사회 인사들의 참여도 있어야 한다.

7장 초등학생과 역사적 사고

1. 역사적 사고력

역사를 효율적으로 학습하기 위해서는 우선적으로 요구되는 몇 가지의 기능들이 있다. 예를 들면 역사지도 및 연표의 해독이나 참고자료의 활용능력 같은 것이 여기에 속한다. 이러한 기능들은 역사학습을 원활하게 하기 위한 가장 기초적인 것이라고 할 수 있다. 이러한 기능을 가지고 있지 못할 때 역사학습의 성과는 기대하기 힘들다. 그러므로 역사교육에서는 기본적인 학습기능을 발달시키기 위해 의도적인 노력을 기울일 필요가 있다.

기초적인 학습기능 외에 고차적 사고력과 관련된 기능들이 있다. 문제해결 및 탐구기능이 그와 같은 것들이다. 역사과를 포함한 사회과는 전통적으로 고차적인 사고력 개발을 목표로 하고 있다. 그러나 고차적 사고력이 무엇인가에 대해서는 한마디로 대답하기가 쉽지 않다. 왜냐하면 고차적 사고력의 개념과 관련된 용어들이 너무나 많기 때문이다. 비판적 사고, 분석적 사고, 종합적 사고, 창조적 사고, 확산적 사고, 수렴적 사고 등 고차적 사고와 관련된 용어들이 제대로 정의되지도 않은 채 함부로 사용되는 것을 우리는 흔하게 볼 수 있다. 어떻게 보면 고차적 사고라는 것은 이 모든 용어들이 내포하는 사고의 과정을 포함한다고 할 수 있다.

역사교육의 궁극적인 목적은 고차적 사고에 해당되는 역사적 사고력을 신장시켜 역사의식을 함양하는 데에 있다. 그러면 역사적 사고력이란 무엇일까? 역사적 사고력은 일반적 사고력과 다른 것으로서, 역사 고유의 사고력을 받아들이려고 하는 것과, 역사 고유의 입장에서 그 사고력의 의미를 생각하려고 하는 것을 말한다.

역사적 사고력을 구성하는 제 능력을 거론하면 다음과 같은 것이 있다. ① 지금과 옛날의 차이를 파악하는 능력, ② 변화·변천을 이해하는 능력, ③ 인과관계를 고찰하는 능력, ④ 시대의 특색을 파악하는 능력, ⑤ 역사적 사실을 비교하는 능력, ⑥ 현대를 고찰해서 미래를 전망하는 능력 등등이 거론되고 있다. 여기에 초등학교의 경우도 예외일 수가 없다.

크로체(Croce)에 의하면, 어떤 사실이 사유를 거치지 않는 한 그것은 역사가 될 수 없으며 어떤 사실이 사유되고 반성되어질 때 그것은 산 역사가 된다고 하였다. 역사수업도 역사사실을 단순히 암기하거나 주입해서는 죽은 역사수업이 된다. 역사적 사고를 행해야만 살아 있는 역사수업이 되는 것이다.

그런데 역사적 사고는 우리에게 두 개의 대립적 입장을 융합하도록 요구한다. 하나는 우리의 기존 사고방식이 탈피하기 어려운 유산이라는 것이고, 또 하나는 우리가 그 유산을 탈피하려고 시도하지 않는다면 과거를 토대로 현재를 읽는 현재주의에 빠질 운명이라는 것이다. 기존의 사고방식을 탈피하기 어렵지만 끊임없이 시도되어야 한다는 말이다. 이러한 점 때문에 역사적 사실에 대한 주체적 탐구 과정이 필요하다.

2. 역사적 탐구방법

역사적 사고력 문제를 이해하기 위해서는 먼저 탐구 개념을 살펴볼 필요가 있다. 탐구과정에는 보다 높은 수준 또는 보다 바른 진실을 찾아나가는 사고과정이 필수적으로 존재한다. 그러나 강의식 수업은 교사 주도의 암기식 확인과정이어서 기억력에 의존할 뿐 사고력과는 거의 무관하다. 그래서 새로운 교육제도는 항상 고차원적 사고력을 중시하며 교육내용과 학습지도방법에서 탐구과정을 권장해 왔다. 지식을 기억하는 것으로 끝나는 것이 아니라, 지식의 기억을 토대로 관련짓고 추리하여 새롭게 만들고 보태가는 사고력을 배양하는 탐구과정이 필요해서였다.

그러면 탐구란 무엇인가? 국어 사전에 의하면 탐구란 제기된 불확실한 문제들을 해결하기 위해 세운 어떤 가정 또는 가설을 준거에 따라 평가하고 검증해 가는 과정이다. 즉, 문제를 인식하고 가설을 세우고 이를 검증하여 결론을 얻는 일련의 사고과정을 의미한다. 탐구는 과학이나 사회 교과에서 강조하지만, 역사교육에서도 매우 중요하다.

역사교육에서 탐구는 역사현상에 대한 문제해결 내지는 탐색의 기능으로 규정된다. 다시 말해서 탐구과정은 생소한 역사적 현상에 직면하여 이를 처리하고자 기본 개념과 원리를 결합하여 가설을 설정·

입증함으로써 문제를 해결하는 것이다. 따라서 여기에는 기본 개념과 원리에 대한 정확한 이해가 요구되며 또한 논리적 사고과정이 수반되어야 한다.

역사교육의 목표가 급변하는 사회현실 속에서 학습자가 변화에 능동적으로 대처하게끔 학습자의 문제 해결력을 배양하는 것에 있다면, 역사교육의 방향은 역사의 현상을 스스로 탐구하는 것에 있다고 할 수 있다. 이러한 탐구능력은 구체적으로 이해, 해석, 분석, 추리, 판단 등 다섯 가지 능력으로 세분된다.

첫째, 이해능력은 탐구과정에서 가장 먼저 행해지는 사고활동으로서, 제시된 자료의 의미를 제대로 파악하고 자료에 나타난 역사현상의 중요도를 인식하는 능력이다. 즉, 주어진 학습자료에서 주요한 개념을 명확하게 이해하고, 핵심적 요소를 찾아낼 수 있는지의 변별력이 곧 이해능력이다. 이 과정에서도 인식, 파악, 변별 등을 위해 기본적 사고능력이 요구된다.

둘째, 해석능력이란 도표, 지도, 통계표, 연대표, 사료, 삽화 등 주어진 자료의 의미를 파악한 것을 전제로, 그 토대 위에서 정당한 결론과 그렇지 않은 결론을 구별하는 능력, 그리고 합리적 절차와 방법에 따라 문제를 해결할 수 있는 능력을 말하는데, 역사교육에서 특히 강조되는 영역이다. 그 가운데에서도 자료 해석(독해와 의미파악)을 바르게 할 수 있는 능력을 중시하는데, 논리적 사고가 부족하면 수행하기가 어렵다.

셋째, 분석능력이란 주어진 자료의 내용을 명확히 파악하여 그 문제와 관련된 다양한 요인들이 상호간에 어떠한 관계를 갖고 있는지를 밝히는 능력이다. 이는 복잡 다대한 역사 현상에 직면하여 문제를 해결할 때 우선적으로 요구되는 능력으로서, 스스로가 설정한 가설에 적합한 정보와 자료를 신속하게 찾고 이용할 수 있거나, 각양각색의 사실과 개념의 신빙성과 총체성을 분석하고, 핵심 내용과 그 자료의 특성을 정확하게 포착할 수 있는 능력이다. 자료를 목적과 필요에 따라 계열화하거나 재조직할 수 있어야 한다.

넷째, 추리능력이란 논리적 사고를 바탕으로 주어진 학습자료를 일관성 있게 판단 분석한 후, 종합하여 타당한 결론을 추출하거나, 일반화를 찾아내는 능력을 말한다. 여러 가지 형태로 주어진 자료의 공통성, 경향성, 규칙성 등을 파악할 수 있어야 하며, 가설, 일반화, 결론, 모형(모델), 해석 등을 입증할 수 있어야 한다. 여기에는 자료에 나타나 있지 않은 상황을 추론해내는 능력도 포함된다.

다섯째, 판단능력이란 가치에 대한 분석과 명료화의 과정을 통하여 합리적인 가치 판단을 내리고 이를 내면화하는 능력이다. 특히 대립, 갈등의 상황에서 가치의 구분 및 선택, 그리고 가치 판단의 타당한 근거를 제시할 수 있는 능력을 말하는데, 판단능력이 부족하면 역사적 상황에서 올바른 결정을 할 수 없다. 역사적 상황을 이해함에는 판단능력이 요구되는 경우가 많다. 예컨대 고려시대 김부식과 묘청의 대립된 가치관의 문제, 근대화 과정에서 보여준 흥선 대원군의 처신 등은 학습자로 하여금 갈등을 야기시킨다. 이를 위해 학습자는 그가 습득한 지식과 경험을 토대로 심사숙고하게 되고 나름대로 판단을 하게 된다. 요컨대 살아있는 역사교육을 이루고자 한다면, 하나의 사실을 이해시키는 데에 있어서도 관련시키고, 비교시키고, 비판시키는 과정을 두어 학습자의 사고력을 최대한 신장시켜야 할 것이다.

3. 어린 역사학자

1) 역사학자의 작업방식

학생들에게 이미 다른 사람에 의해 정리되고 해석된 과거의 대안적 전망을 던져주는 것은 바람직하지 않다. 과거의 복합성을 이해시킬 수 있는 유일한 방법은 과거를 이야기하게 하고, 과거에 대한 상반된 시각을 분류해서 자신이 이야기를 쓰게 하는 등 직접 경험을 해보게 하는 것이다. 이런 점에서 학생들이 학습 주제를 다시 쓰는 역사 교실을 개척하는 작업이 주목된다.

역사 교사가 역사학자여야 하듯이, 역사를 공부하는 학생 또한 역사학자여야 한다. 교사로부터 공부를 배우는 학생이라 해서 수동적이어서는 안 될 것이다. 학생들에게 능동적인 기회를 제공해 주어 그들 스스로 학습할 문제를 찾고 해결해 나가도록 해야 한다는 것이다. 역사학습에 있어서도 학생들은 스스로 역사학자의 위치에 서서 자료를 수집하고 그것을 해석해 내야 한다. 이런 점에서 맥심(Maxim)은 '어린 역사학자'라는 용어를 사용하였는데, 그의 주장을 살펴보면 다음과 같다.

단순히 말해 역사는 우리가 과거에 대해 알고 있는 모든 것으로 간주된다. 과거가 있는 모든 것에는 역사가 있다. 무슨 일이, 왜, 어떻게 일어나게 되었는지를 알아보기 위해 과거를 탐구하는 사람들을 역사학자라고 부른다. 역사와 역사학자라는 이 두 가지 개념과 관련하여 맥심은 초등학생들이 '어린 역사학자'로서 과거의 문제를 해결하는 것에 참여하기를 바란다. '어린 역사학자'라고 해서 단지 역사적 사실만을 수집하는 것이 아니라 역사학자처럼 과거를 해결해야 될 문제로 이해한다. 그들은 과거의 문제들에 질문을 하고 그들보다 먼저 살았던 사람들의 기록에서 그 해답을 찾는다. 많은 사람들은 훌륭한 역사학자를 훌륭한 탐정에 비교한다. 탐정은 증거를 찾고 단서를 해석함으로써 범죄를 조사한다. 역사학자 또한 과거를 설명할 목적으로 증거를 찾고, 그들이 찾은 단서를 해석한다.

과거에 대한 단서를 모으기 위해 역사학자는 문자 혹은 비문자로 된 많은 사료로부터 증거를 수집한다. 문자 사료에는 도서와 연감, 편지, 일지, 노래, 연설, 시, 법정 기록, 선거운동 구호 등이 포함된다. 여기에는 또 묘비가 포함되며, 오래된 달력이나 포스터, 지도 등 문자로 쓰여진 모든 것들도 포함된다. 그러나 문자 사료는 수메르인이 쐐기형의 상형문자를 만든, 겨우 기원전 3,000년 전까지만 거슬러 올라갈 수 있을 뿐이다. 문자는 사람들이 기록하고, 시나 이야기를 쓰고, 조약문을 기술하는 등의 일을 가능하게 만들었다. 문자가 발명되기 이전의 역사를 선사시대라고 부른다.

비문자 사료는 보석, 동전, 도구, 장난감, 가면, 무기, 기구, 가구, 장식품, 건물, 의류, 사진, 동상, 취사도구 등과 같은 인공물을 포함한다. 비문자 사료는 또한 입에서 입으로 세대를 통해 전해 내려오는 전설이나 신화와 같은 구비(口碑) 사료들을 포함한다.

어떤 사건이 일어나면서 동시에 만들어지는 문자와 비문자 사료들을 원사료라고 부른다. 원사료의 설명을 시도하고 이를 연구하는 사람들에 의해 만들어진 단서들을 2차 사료라고 한다. 확실히 역사학자에게는 원사료가 2차 사료보다 더욱 정확하기 때문에 가치 있다고 할 수 있다.

역사가들은 이러한 자료를 수집하고 분석하여 좀 더 새롭고 적극적인 해석을 내린다. 그런데 그들의 연구결과를 토대로 작성된 교과서가 역사이해의 매개물로 학생들에게 제공되지만, 그것은 엄밀히 말하여 학생들을 위해서가 아니라 역사가들 자신을 위해서 서술된 것이다. 역사가들은 자신들의 입장(처한 환경, 사관, 교육당국의 지침)에서 사료를 취사·선택하여 해석한다는 것이다. 그러므로 교과서는 교사와 학생에 의해 재해석될 여지를 크게 안고 있는 셈이라고 할 수 있다.

2) 역사적 사고의 훈련

우리는 그동안 학생들이 무엇을 알고 있는가, 혹은 무엇을 알지 못하는가를 파악하는 데에 너무나 많은 수고와 투자를 해왔다. 그러한 나머지 학생들로 하여금 역사를 스스로 해석하고 체험하여 '어린 역사학자'가 되도록 하는 데에는 지나치게 인색했다. 살아 있는 역사 수업을 위해 '어린 역사학자'들은 역사학자들의 작업방식을 알아야 한다.

사실 역사를 공부하는 순간부터 어린 학생들은 역사학자들의 탐구방법을 터득해 나갈 수 있다. 그러면 어떻게 하여 '어린 역사학자'들에게 역사학자들의 작업방식을 훈련시킬 수 있을까? 캐럴 씨펠트(Carol SeeFeldt)는 다음과 같이 가르칠 수 있다고 하였다.

① 문제를 인식하라

어린이들은 반드시 당면한 문제를 그들 자신의 것으로 인식할 수 있어야 한다. 교사가 문제를 결정하고 아이들에게 그 문제를 해결하도록 제시하면, 이는 그들에게 풀어야 할 문제가 아닌 하나의 활동에 불과하게 된다. 교실, 학교, 가정, 또는 가까운 지역사회에서 자연적으로 발생하는 문제들은 아이들에게 현실적인 것이다. 그러한 문제들에 대하여 "여기에서 무슨 일이 일어났지?", "왜?", "누가 그렇게 말했지?"와 같은 질문하는 것을 배우는 것은 어린이들의 탐구에 대한 감각을 촉진시킨다.

② 정보를 수집하라
문제를 해결하기 위해서, 어린이들은 정보를 수집해야 한다. 그들은 역사적 문제를 해결하기 위해 과거의 흔적을 조사할 것이다. 현재의 또는 역사적 사건들에 관해 사람들이 무엇을, 그리고 어떻게 느끼는지를 알아보기 위해 나이 드신 어른들, 부모님, 교사들과 인터뷰를 가질 것이다. 또한 도서관에서 서적을 찾거나, 비디오 시청, 박물관 방문, 과거 유물 조사 등을 통해 정보를 수집할 수 있다.

③ 자료를 관찰하라
필요한 정보를 수집하였으면, 어린이들은 그것을 유심히 관찰할 필요가 있다. 아동들이 보고, 듣고, 느끼고, 만져본 것들을 말해 보게 함으로써, 아이들의 관찰 능력을 향상시킬 수 있다.

④ 정보를 분석하라
일단 학생들이 정보를 수집하고 관찰하면, 그들은 그것을 분석하고 그것을 통해서 추론을 이끌어내야 한다. 많은 사람들은 미국의 이라크 침공에 대하여 어떻게 생각하는가? 오래전에 사람들은 어떻게 살았고 학교는 어떤 모습이었는가에 대해서 저작물은 무엇을 말하고 있는가? '어린 역사학자'들은 이러한 것들에 관해 생각하고 과거에 사람들이 어떻게 살았고, 무엇을 하였으며, 무엇을 믿었는지 등에 대해 추론한다.

⑤ 결론을 내려라

역사가들이 그러한 것처럼, 아이들도 적절한 정보를 바탕으로 과거에 대한 어떤 결론에 도달해야 한다. 그런데 그들은 아마도 불완전한 결론에 도달할 것이다. 그러한 결과는 첫째, 과거의 흔적이 불충분하기 때문에, 둘째, 과거에 대해 발견한 정보를 해석해 줄 사람이 없기 때문에, 셋째, 아동들의 추론이 부정확하고 오차가 크기 때문에 발생할 것이다. 아이들에게 문제 해결 능력을 가르칠 경우, 역사가들의 문제 해결 방법을 사용하는 그들의 능력에 대해서나, 그들이 정확한 정답에 도달하는 것에 대해서 걱정할 필요가 없다.

이러한 과정에 대한 훈련이 끝날 때, 교사는 학생들에게 "역사를 다시 쓰라"고 주문한다. 그동안 터득한 훈련과정, 배웠던 지식, 입수한 자료를 토대로 역사를 다시 쓰라고 요청하면 된다. 그러면 학생들은 교과서의 내용을 답습하거나 아니면 아예 제쳐두고 열심히 글을 쓰기도 한다. 후자의 학생 가운데 교과서에 분노를 표하며 "역사를 서술할 때 누구나 냉정하고 침착하며 과학적·객관적이어야 한다는 믿음"을 잃는 이도 있다. 이 학생의 열정은 역사적 사실을 제멋대로 왜곡한다. 그러나 한 발 물러나 균형 잡힌 시각을 갖추면 금방 후회를 하고 다른 방식으로 사물을 본다. 이러한 분노와 후회의 과정을 거치면서 그 학생은 '어린 역사학자'로 성장해 나가는 것이다.

8장 새로운 초등 역사학습의 모색

1. 수업방법의 전환

1) 주입식 수업에서

관행처럼 답습되어 온 수업 가운데 여전히 극복해야 할 것이라면 단연 주입식(注入式), 강의식(講義式) 수업이라고 말할 수 있다. 주입식, 강의식 수업이란 교사가 교과서를 읽고 혼자서 수업을 진행하고, 교사가 적어 놓은 판서 사항을 학생들로 하여금 무조건 베끼도록 하는 것이다. 이러한 지식 주입형의 학습활동에서는 학생들이 학습에 대해서 수동적이 될 수밖에 없기 때문에 역사적 사실에 주체적으로 몰두하고 자신 나름의 생각이나 이미지를 창의적으로 형성하도록 하는 태도는 길러지지 않는다. 당연히 개선되어야 할 수업방식이다.[8]

---

[8] 각 학교마다 특색 있는 수업을 한다고, 특정 수업형태를 전 학년에 걸쳐, 그것도 부족하여 전 교과에 걸쳐 아직도 시행하고 있는 경우가 적지 않다. 연구학교의 운영, 학교 당국자의 치적 등등 때문에 이런 일이 벌어지고 있는 것으로 추측되는데, 이는 사실상 교수법 강요인 셈이다. 이 또한 극복해야 할 풍토라고 여긴다.

역사수업에서 이름, 연도, 사건, 지명, 개념 등 기본적인 사실을 암기하는 것이 교육학적으로 의미 있는 일이 아니고, 교육과정에서도 그 어떤 대접도 받지 못하고 있다. 그렇다고 해도 학생들이 가정, 지역, 국가, 세계로 이어지는 과거에 대해 체계적인 이해를 하기 위해서는 중요한 사실들과 개념들이 주의 깊게 선정되고 다루어져야 한다. 바로 이 점이 역사학습에서 하나의 딜레마라고 볼 수 있다.

열린 수업이나 제7차 교육과정의 도입 이후 칠판 중심, 지식 중심, 교사 중심의 수업은 어느 정도 극복되었다고 볼 수 있다. 제7차 교육과정은 일곱 가지 사항에 역점을 두어 사회과 교육과정을 개정하였다. 그중 여섯째에서, "학습자가 자기주도적 학습, 개별학습, 협동학습, 체험학습을 뒷받침하기 위한 구성주의적 학습환경을 강조하였다. 학습은 학습자 스스로가 지식을 구성하거나 적어도 지식을 실제 생활에 적용하는 것으로 보는 구성주의적 관점이 수용된 제7차 교육과정에서는 자기주도적 학습과 개별학습, 체험학습을 더욱 중시하며, 사회 문화적 관점에 따라 학습에서의 상호작용과 협동학습을 강조하였다. 한편, 이와 같은 학습을 뒷받침하기 위한 교사의 역할과 풍부한 교수·학습 자료로 특징지어지는 구성주의적 교수·학습의 중요성도 함께 강조하였다"고 하여, 자기주도적 학습, 개별학습, 협동학습, 체험학습 등 활동 중심의 학습을 중요시하였다.

이로 인해 교육현장에서는 이전에 비하여 많은 변화가 일고 있는 것이 사실이다. 그러나 아직도 극복해야 할 점이 많은 것으로 지적되고 있다. 교사와 학생의 역할, 교과서의 활용 정도, 자료의 활용 방식 등을 고려하여 수년간에 걸친 교실 수업에 대한 관찰과 교사들에 대한 인터뷰를 통해 초등 역사수업의 양상을 분석한 민윤(閔允)의 연구 결과에 의하면, ① 교과서 해설식 수업, ② 조사 발표 수업, ③ ICT 활용 수업 등 세 종류가 대세를 이루고 있을 뿐이다.

　역사수업이 다양한 활동으로 이루어지지 못하고 몇몇 활동에 치우치고 있는 현실은, 여러 요인 가운데 역사수업을 전개하는 교사 자체의 한계에서 대부분 유래한다. 수업에 가장 큰 영향을 미치는 것이 바로 교사이기 때문이다. 수업은 무엇을 학습해야 하고, 그것을 어떻게 가르쳐야 하는지에 대한 교사의 이해에서 시작된다. 따라서 역사수업에는 교사의 역사 지식이나 역사관 및 교육관이 개입될 수밖에 없다.

　대학 4년 동안 역사 관련 과목들을 집중 수학하는 중등교사와 달리, 초등교사는 대학에서 전 교과를 이수한 관계로 역사 관련 수료 학점은 미미한 수준에 그친다. 그 결과 역사에 대한 내용지식(內容知識)을 풍부하게 터득하기가 어려운 실정이다. 교사의 내용지식은 역사적 사실을 전달하고 적절한 사례를 통해 학생들에게 역사를 이해시키는 데 필요하다. 풍부한 역사지식을 가지고 있는 교사가 효율적으로 수업을 지도할 가능성이 높다고 한다.

　초등교사는 대학 재학 시의 일천한 역사 교과 이수 때문에, 역사 교육관(歷史 敎育觀)을 제대로 형성하기가 쉽지 않다. 역사 교육관은 역사를 왜 가르치고 배우는지에 대한 생각으로, 교사가 어떤 역사 교육관을 가지고 있는가 하는 것은 수업에 영향을 미친다고 한다.

　그리고 한두 과목만을 담당하는 중등교사와 달리, 초등교사는 전 교과를 담당하여 교과별 전문성은 그만큼 떨어질 수밖에 없다. 그러므로 초등교사가 역사사실에 적합한 교수법이나 교수자료를 그때그때 동원한다는 것은 힘든 작업일 것이다. 역사 교사의 전문성이라는 점에 있어서, 초등교사는 중등교사에 비해 떨어질 수밖에 없는 것이 우리의 현실이다.

따라서 역사에 대한 내용지식이 일천하고, 역사 교육관이 투철하게 정립되어 있지 않은 초등교사들이 역사를 가르칠 때는, 자신이 학창 시절 경험했던 전통적 교수법에 쉽게 의존할 수밖에 없다.

2) 활동식 수업으로

초등학교의 역사수업에서는 학생들이 역사에 흥미와 관심을 갖고 즐겁게 학습에 몰두하도록 하는 것이 필요하고, 그러한 과정을 거치면서 학생들이 역사적 사고력을 자연스럽게 익히도록 해야 한다. 이를 잘 진척시키기 위해서는, 학생들이 주체적으로 학습할 수 있고 다양하게 학습활동을 펼 수 있는 방안을 도입하는 것이 필요하다.

우선, 가족유래나 가정행사를 통해 자신들의 뿌리를 알게 하는 것이 필요하다. 또한 학생들이 살고 있는 지역의 역사나 문화, 그리고 그곳에 남아 있는 유적이나 문화재 등을 탐방·조사해서 자신들 생활의 역사적 배경에 대해 관심을 갖게 하는 것이 필요하다. 이 외에 우리 민족이 걸어온 길을 나타내 주는 우리나라의 역사를 배우는 의미에 대해서도 생각하게 하는 것이 요구된다.

그리고 활동이나 체험에 기초한 학습을 많이 도입하도록 하는 것과 함께, 자료 활용의 능력을 육성하는 방안을 강구하는 것이 권장된다. 학습 의욕을 향상시키고 역사적 사고력의 싹을 길러주기 위해서는 역사학습은 암기라고 하는 학생들의 생각을 불식시키고, 즐겁고 가깝게 보는 학습을 전개해서 역사에 대한 흥미·관심을 환기시켜야 한다. 이러한 목표를 달성하기 위해서는 구체적인 활동이나 체험을 통한 역사학습이 필요하다.

교사가 지식을 정리·해설하여 온 전달형 학습방법이 아니라, 각종 기초자료를 활용하여 학생 자신들이 인물이나 문화유산을 중심으로 역사사실을 조사하고, 그것에 대한 사회적 의미나 역사적 의의를 생각하고 판단하게 하는 학습방법을 채택할 필요가 있다는 것이다. 이러한 목표는 실제 학생들에게 그러한 활동을 하게 함으로써 쉽게 달성될 수 있다.

초등학교에 걸맞는 역사학습이 보다 잘 전개될 수 있도록 교육과정이나 학습환경이 많이 개선되고 있다. 그렇지만 역사학습은 단지 흥미·관심의 환기나 자료 활용 능력의 육성 정도에 그쳐서는 안 된다. 중요한 것은 역사적 사고력이나 판단력의 육성이 최종적인 목표가 되어야 한다는 것이다.

그러면 살아있는 역사수업이 이루어지기 위해서는 어떻게 학습활동을 펼쳐야 할지에 대하여 알아보자.

앞에서 살핀 다양한 체험적 활동을 어떻게 학습과정의 일부로 도입할 것인가? 이것은 학습지도를 구상한 후에 궁극적으로 대두되는 중요한 사안이다. 한 가지 학습활동에 그치지 않고, 많은 다양한 학습활동을 추가하려 한다면 학습지도를 구상할 때 다음의 두 가지를 유념할 필요가 있다.

첫 번째는 다양한 학습활동을 동시에 실행하는 방법이 있다. 지역에 있는 「선사시대 유적의 견학」이라는 활동을 도입할 경우를 예로 들어서 생각해 보겠다. 「선사시대 유적의 견학」 학습에서는 단순하게 유적이나 유물을 견학(자료관이 있으면 전시되어 있는 것을 하나씩 본다)하는 활동뿐만 아니라, 그곳에서 조사한 것을 '견학 카드'에 메모하는 활동, 학예사에게 질문해서 듣는 활동, 게다가 전시되어 있는 것을 시간의 경과를 따라 연결해 보는 활동 등이 함께 행해질 수 있다. 또한 경우에 따라서는 갈돌(磨石)을 사용하여 벼를 벗겨 보는 등 실제로 체험하는 활동을 추가할 수 있다. 이러한 활동은 사전이나 사후에 교과서나 자료집 등을 활용한 조사활동이나 친구들과의 토의활동 등과 함께 전개할 수 있다. 이처럼 「선사시대 유적의 견학」이라는 활동 속에서 다양한 학습활동이 병행될 수 있다는 점에 유의해야 한다.

여기에서 한 가지 유념해야 할 사항은 다양한 학습활동을 연속적·발전적으로 연결하는 것이다. 개항 이후의 「근대화 운동」의 학습에서는, 예를 들면 근대화를 나타내는 사진·그림의 관찰 → 근대화의 기초 조사(의, 식, 주 기타) → 지역의 역사유적 견학 → 조사한 것의 정리 → 대한제국의 업적 비교 → '역사신문'으로 정리하는 활동 등 어린이들의 학습활동이 순서대로 연속해서 이루어진다는 것이다.

그러나 단순하게 학습활동을 연결한다고 해서 무조건 좋은 것은 아니다. 여기에는 어린이에 따라 학습의 적절성과 필연성이 수반되어야 한다. 활동의 적절성이란 다음 활동이 이어지도록 어린이에게 의욕과 에너지를 생기게 하는 것이다. 또한 활동의 필연성이란 어떤 활동에서 다음 활동으로 문제의식이 연속성과 발전성을 갖게 하는 것이다.

두 번째는 학습활동을 학습과정에 추가할 때의 고려 사항에 대한 것이다. 문제 해결 학습은 대략 '학습문제를 만든다', '문제를 추구한다', '조사한 것을 종합한다'로 구성된다. 이러한 것을 학습활동에 추가하는 방법에 있어서도 각각의 학습과정에서 생각할 수 있다.

그 하나는 학습문제를 만드는 과정에서 학습활동의 위치를 부여하는 것이다. 일반적으로 어린이들은 학습활동에 맞붙는 무렵부터 학습을 시작한다. 그래서 어린이들은 감상이나 실패담을 서로 내보이거나, 불충분함이나 문제점 등을 눈치채면서 의문이나 문제의식을 가지게 된다. 이 단계에서부터 어린이들은 학습내용이나 방향을 정하는 것이다. 여기에서는 어린이 한 사람 한 사람이 학습 문제에 어떤 눈치챔이나 문제의식을 어떻게 높이고 있는가가 포인트이다. 그를 위하여 교사는 어린이의 좌절, 의문, 실패 체험 등이 생기지 않으면서 다음 학습의 방향이 보일 수 있도록 인도하는 것이 필요하다.

또 하나는 학습문제를 추구하는 과정에서 학습활동의 위치를 부여한다. 여기에서는 새로운 역사적 사실이나 현상을 접해서 그것의 인식을 탐구하거나, 자기의 생각이나 기분을 발휘하거나, 더 나아가 다양한 인간의 염원이나 사고방식을 배우면서, 자기의 의문이나 예상을 확인하고 학습 문제의 해결을 도모할 수 있도록 한다. 여기에서는 어린이가 자기의 학습활동을 전개하면서 역사적인 견해나 사고방식, 역사 인물에 대한 관심이나 이해를 심화시킬 수 있도록 적절하게 지도하는 것이 중요하다.

그리고 또 하나는 학습을 정리하는 과정에서 학습활동의 위치를 부여하는 것이다. 여기에서는 지금까지의 학습활동을 통해서 얻은 것을 학습문제에 대입하여 정리하고, 자기의 것으로 정착해 가도록 한다. 또한 지금까지 행한 학습활동에서 명확하게 할 수 없었던 것(남은 과제)에 대해서 명확하게 하는 것도 필요하다. 결국 학습을 정리하는 학습활동의 역할은 지금까지 조사해 온 것을 '이해할 것'과 앞으로 더 조사하고 싶은 '이상함을 발견한다'에 있다.

2. 수업자료의 전환

1) 문헌자료 중심에서

문헌 중심으로 하는 역사학습에서도 탈피해야 한다. 역사연구가 문헌의 실증을 통해서 성립되었던 것이 사실이지만, 역사학습마저

문헌사학(文獻史學)에 의존할 필요는 없다. 문헌이 차지한 부분이 많은 것은 부정할 수 없지만, 비문헌적 자료(非文獻的 資料)에도 많은 관심을 두어 시대상이나 지역상을 보다 풍부하게 형성하는 것이 기대되어야 한다는 것이다. 이것은 어떤 의미로는 역사인식의 문제에 곧바로 연결된다. 단적으로 말하면, 근대 역사학은 역사는 진보한다는 사상에 입각하여 성립되었다. 진보에 따라 방치된 것 혹은 소멸된 것이 적지 않은데(낡은 것, 후진적인 것 등), 그 가운데에 인간에게 중요한 것이 있을 수 있다. 이 점과 관련하여 생각할 수 있는 것이 민속학(民俗學)이다.

소위 아카데미즘 역사학은 정치사(국내 정치사, 국제 정치사)나 경제사에 편중되어 왔다. 그래서 정치사 편중, 정권교체 중심의 역사구성이 주류를 이루어왔고, 그에 반하여 농민·민중의 일상의 역사는 제대로 알 수 없었다. 이러한 한계를 극복하기 위해 역사학습에 민속학 연구의 새로운 자료를 다양하게 흡수하는 것이 필요하다.

역사학습을 지원하는 비문헌적 자료는 민속학 관련 자료만으로 한정해서는 안 된다. 고고학이나 기타 관련 과학의 자료도 함께 취급해야 한다. 이러한 것들을 충분히 활용하면, 초등학교 역사학습에 다채로움을 배가할 수 있을 것이라고 생각한다.

그리고 반도(半島) 중심의 역사학습에서도 탈피해야 한다. 현재 우리의 국경선과 영토는, 오래전 조선 초기 15세기 이래, 압록강과 두만강을 경계선으로 하는 한반도에 한정되어 있다. 우리 역사의 전개를 모두 이 위에서 생각해 왔던 것이 지금까지의 일반적 경향이다. 이에 대해서 국경을 초월한 한국사 연구가 제창되어, 우리나라 역사의 전개를 중국·일본을 포함한 동아시아 세계와의 관련에서 이해하려는 연구가 행해지고 있으니, 역사학습 또한 이 관점에서 이루어져야 한다. 그러나 그 경우 교섭사적으로 취급해도, 또 동아시아 세계의 구조적 일체성으로 파악해도 정치적 틀로 받아들이게 되어 항상 '국경'이 의식되는 경향이 있다. 국경을 배제한다는 시각에는 한국은 반도 국가라는 고정 관념이나 대륙 유입설(반대는 해양 유입설)에 의한 역사파악을 수정하고자 하는 적극적인 입장이 담겨 있다.

그러나 우리들의 역사인식이나 문화이해는 여전히 지도의 틀에 얽매여 있다. 더구나 국경이 표시된 지도의 이미지 위에 놓여 있다. 고대에 있어서 한국(한민족)과 일본 열도의 관계를 볼 때도, 이 경계의식이 선행된다. 이것은 정치사적 시야가 강한 것과 관련되어 있다. 동아시아적 시각에서 한국 문화를 파악할 때에도, 정치사적 시야가 우선 고려된다. 그런데 고대의 어민이나 수렵민은 현대인의 상상이 미치지 못할 정도로 광범위하게 활동해서, 그것이 기층문화 형성에 기여한 영향은 크다. 최근의 연구를 보면, 동아시아 지역을 중국 민족, 한국 민족, 일본 민족에 의해 형성된 지역으로 나누어 보는 것은 선입관에 사로잡힌 견해라고 한다. 왜냐하면, 15~16세기 중국의 주산열도(舟山列島), 한국의 제주도·남해안, 일본의 오도열도(五島 列島)를 포괄하는 왜구의 세계가 하나의 지역을 형성하고 있었기 때문이다.

이상에서 살펴본 것을 통해 초등학교 역사수업에 새로운 관점을 도입할 필요가 있음을 간파할 수 있다. 다가오는 미래를 살아가야 할 학생들을 위하여 새로운 시야를 열어볼 수 있도록 하는 것이 긴급한 과제라고 생각한다. 결국 벗어나야 할 학습이란 학생을 수동적인 존재로 만들고 수업을 재미없는 대상으로 만드는 것이고, 보이는 것만을 알게 하며 학생을 편협한 지역에 얽매이게 하는 것이다. 이에 표현활동, 혹은 체험적인 활동이나 작업적인 활동을 적극적으로 받아들여야 할 것이고, 민족이나 국경을 넘나드는 인식의 전환을 해야 할 것이다. 그래야 자기 주도적이고 재미있는 수업이 가능할 것이다.

2) 실물자료 중심으로

학습은 학생이 대상에 흥미를 가지는 데서 출발하여야 한다. 흥미가 있다는 말은 그것에 주의가 끌린다는 뜻으로, 듀이(Dewey)는 이것을 활동의 핵심이 되는 대상, 그리고 그 활동을 실현하는 데 수단과 장애를 제공하는 대상에 마음이 사로잡혀 있다는 것과, 학생이 알고자 하는 것이면서 동시에 알 만한 가치가 있는 것이라고 정의하였다. 이를 수업과 관련하여 보면, 흥미란 현재의 지식 상태와 소망하는 지식 상태 사이에 차이가 있는 것이다. 이 차이를 학생 스스로 채워 나가도록 유도할 수 있는 교수 조건이 필요한데, 이는 학생의 흥미를 존중하는 데서 비롯된다.

학생의 흥미를 존중한다는 말의 올바른 의미는 학습의 주제나 문제에서 현재의 지식상태와 소망하는 지식상태 사이에서 발생하는 의문을 기초로 하여, 학생들에게 적합한 수준에서 그들이 재미있어 하는 활동방식으로 가르치는 것이라 정의할 수 있다. 따라서 학생이 어떠한 것을 재미있게 생각하며, 어떠한 것에 의문을 가지고 있는지를 알아내는 것이 효과적인 교수·학습 방법의 출발점이 된다고 할 것이다.

여기에 대하여는 인지 발달적 견해에서, 학생들이 흥미로워 하는 것은 추상적인 것보다 구체적인 것, 멀리 있는 것보다 주변의 것이라는 점이 이미 밝혀진 바 있다. 즉, 효과적인 역사수업을 위하여 학생들의 흥미를 유발할 수 있는 것은 구체적인 것, 주변의 이야기나 사람, 또는 자료라는 것이다. 역사학습에서 이러한 자료의 대표적인 예로 실물자료를 들 수 있다.

실물자료란 실물 그 자체로서 생활의 가장 구체적인 장면에서 교육의 필요에 의해 제시되는 주위 환경의 모든 것을 의미한다. 예를 들면 생활 용품, 장신구, 역사적 기록물, 일기, 편지, 예술품 등이 여기에 해당된다. 이들 실물자료들은 시간적·공간적 제약으로 경험할 수 없는 현실의 일부를 상세히 검토할 수 있게 해 주고, 구체적·직접적·입체적인 관찰을 가능하게 해 준다. 무엇보다 모든 학습자에게 광범위하게 사용될 수 있고, 특히 미숙한 학생에게 지각 훈련 및 개념과 태도를 발전시키는 데 효과적이다. 따라서 실물자료는 학생의 모든 감각적 통로에 의한 학습을 가능하게 하는 기본 학습자료이며, 내·외부 상황을 동시에 이해시킬 수 있는 통합적 학습자료라고 할 만하다.

실물자료는 크게 세 가지 측면에서 그 필요성을 말할 수 있다. 첫째, 직관적 교수의 측면이다. 즉, 이는 언어나 교과서를 통한 간접지도의 방법을 지양하고 실물을 제시함으로써 직관에 호소하는 교육이다. 둘째, 흥미의 측면이다. 실물자료는 만족감이 수반되는 학습경험을 제공한다. 학생들은 추상적이 아닌 구체적인 직접 경험을 함으로써 흥미와 관심을 느낄 수 있다. 따라서 학생들의 흥미와 호기심을 자극하여 동기를 유발하고, 학습활동을 보다 진지하게 전개할 수 있다. 셋째, 사고력 신장의 측면이다. 학생의 경험을 확대하고 사고 기능을 높여 줄 뿐 아니라, 이를 통하여 학습의 문제, 내용, 해결 방법 등을 여러 각도에서 조명함으로써 사고력의 신장에 도움이 된다.

실물자료는 감각을 자극하는 데 그치지 않고, 사고를 자극하는 데 사용되어야 한다. 학생들의 이해와 사고는 보고 듣기만 하는 경험을 넘어서 현 상황에서 판단하고, 적용하고, 시행하고, 수정하고, 창안하는 등의 새로운 활동을 전개함으로써 확대되고 심화된다.

실제로 실물자료를 제작하고 활용하는 데 있어 중요한 것은 실물 제작의 의의를 파악하도록 하는 것이다. 즉 "왜 이런 자료를 만들었을까?" 하는 의문에서 시작하여 실물이 가지는 의미를 분명히 하도록 한다.

또 이러한 물건을 만들었던 사람들의 뛰어난 솜씨와 장인 정신을 배우고 물건이 완성되기까지의 어려움을 직접 체험함으로써 문화 유산의 소중함을 깨닫게 한다. 학생들이 직접 실물에 참여하는 과정에서 역사적인 것에 대해 가지게 되는 관심과 흥미는 초등학교 역사학습을 성공으로 이끄는 중요한 관건이 될 것이다.

3. 살아있는 역사학습을 향하여

세계화와 함께 교육관의 전환이 필요하다고 주장된 지도 오래되었다. 역사학습에 있어서도 기존의 이론이나 방법을 가지고서 올바른 역사인식을 함양한다는 것은 불가능한 일에 가깝게 되었다. 기존의 틀을 과감하게 뛰어 넘어, 가능하다면 쉽고 즐거운 초등학교다운 역사수업을 전개하지 않으면 안 된다. 초등학교에서 진행하는 역사수업의 형태가 중학교나 고등학교의 그것과 별반 차이가 없다면, 그것은 누가 보아도 바람직한 것이라고 볼 수 없을 것이다.

역사교육 관점에서 볼 때, 가르치려고 하는 것이 과연 무엇인가, 왜 가르치려고 하는 것인가가 가장 중요한 문제일 것이다. 초등학교의 역사수업 또한 이러한 범주에서 한 발짝도 벗어날 수가 없다. 그렇지만 초등학교 학생들의 역사의식 발달 단계를 고려하면, 적절한 교수·학습 방법이 강구되어야 한다.

초등학교의 역사수업 목표는 여러 가지 역사적 사실이나 연표를 외우는 데에 있지 않다. 역사적인 사건이나 문화 유산에 대해 흥미와 관심을 갖고, 학습한 각각의 시대가 "대략 이런 시대였구나"라고 이해하는 것이 필요하다. 예를 들면, 고려 시대라면 청자를 보고 당시 귀족들의 호화스러운 생활을 파악할 수 있으면 좋겠다. 그리고 개항 이후라면, 여러 가지 개혁이 진행되면서 서구 문물을 받아들여 우리나라의 근대화가 진행되었던 것을 이해할 수 있으면 좋겠다. 이처럼 그 시대를 크게 통합하여 파악하고, 각각 시대를 하나의 이미지로 생각할 수 있는 것이 필요하다.

역사수업에서 다루는 내용은 대부분 지나가버려 되돌아오기가 불가능한 것, 오래전의 일로 나와 무관한 것, 현재 존재하지 않아 접근할 수 없는 것이다. 그로 인해 역사수업은 졸음과 무관심만을 불러오기 십상이다. 이와 같은 한계를 극복하기 위해 폭넓은 자료와 다양한 활동을 통해 재미있게 진행하면 효과적인 수업이 될 수 있다. 폭넓은 자료와 다양한 활동을 통한 수업은 특별한 경험을 제공하여 역사수업에 생기를 불어넣어 주고, 학생들의 역사이해를 심화시킬 수 있다.

교과서 중심의 역사수업이 지니는 문제점에 대해서는 그동안 많은 지적이 있어 왔다. 훌륭한 역사 교사는 이러한 점을 인식하고 아무리 좋은 교과서라 할지라도 그것에 과도하게 의존하는 것을 피해야 한다. 그리고 소위 분필과 칠판에 의존하는 강의식으로 수업을 진행해서도 안 된다.

지금부터 초등학교 역사수업의 바람직한 내용과 방법은 무엇이어야 하는가를 개략적으로 들고자 한다. 이 점은 역사에 대하여 어린이들이 가지고 있는 막연하면서도 호기심어린 관심을 학교 현장으

로 끌어 모아 재미있는 역사수업을 전개하기 위한 전제 조건이기도 하다.9)

첫째, 내용 면에서 지역사회의 역사, 역사상 주요한 인물의 활동, 유형과 무형의 대표적인 문화유산 등을 중심으로 역사수업을 전개할 필요가 있다. 이러한 점들은 학생들과 평소부터 친숙해져 있는 것이어서, 역사수업에 대한 학생들의 흥미와 관심을 높이고 학습 의욕을 환기시키는 데에 유익하다. 다양한 소재는 다양한 사실과 의미를 제공하는 장점도 있지만, 그만큼 수업의 초점을 흐리게 할 단점도 있기 때문에 유의해야 할 점도 그만큼 크다고 볼 수 있다.

지역사회의 역사는 학습자 본인의 삶의 터전으로 친숙한 학습 소재이다. 그리고 역사상 대표적인 인물이나 문화재는 그 시대를 대표하는 것이어서, 시대적 특징의 구체적 파악이나 역사적 사고력의 육성을 가능하게 한다. 특히 역사나 문화의 발전에 공헌했던 인물들의 행위를 아는 것은 민주시민 자질의 기초를 육성하는 데 유익한 것이기 때문에, 이러한 점들은 중점적으로 다루어져야 할 필요가 있다.

둘째, 방법 면에서 방문·조사·시청·증언·제작 등 구체적인 활동이나 체험을 통해서 스스로 수업 내용을 이해하도록 하는 것이 필요하다. 이를 위해서 박물관이나 지역 자료관 등을 방문하도록 하고, 지역에 있는 유적이나 문화재 등의 관찰이나 조사를 하도록 하면 좋을 것이다. 그리고 지역사와 지역 문화의 변천을 보여주고 대표적인 인물이나 사건 및 문화재의 특징을 제시하는 슬라이드나 비디오 교

---

9) 일찍이 최완기(崔完基)는 초등학교 국사교육의 요령으로 ① 교재연구와 교수의 사선세획, ② 민족주체의식의 앙상, ③ 향토사료의 활용, ④ 근대사의 중시, ⑤ 시사문제의 활용, ⑥ 나열식 강의의 지양 등 여섯 가지를 제시한 바 있다 (최완기, 「국사교육의 강화방침과 초등학교 국사교육」, 『사회과교육』 9, 1976). 우리의 현실을 돌아보건대 이는 여전히 음미해 볼 만한 가치가 있다.

재, 그것들을 증언해 줄 수 있는 인사를 활용하도록 하는 것도 중요할 것이다. 또한 이러한 방문·조사·시청·증언에 기초한 제작 활동이 행해지도록 하는 것도 좋을 것이다. 특히 표현 활동은 학생들의 표현 능력을 신장시키고, 그것을 조기에 발견·개발할 수 있는 장점도 가지고 있다.

이러한 점들이 중요한 이유는, 이를 통해서 학생들의 자주적·자발적 학습활동 능력을 신장시킬 수 있기 때문이다. 활동이나 체험 중심의 학습이 자기 주도적 학습을 가능하도록 도와준다는 것이다.

최근 사회과 수업에서 관찰, 조사, 견학, 체험, 표현 활동 등 행동적인 학습활동이 많이 행해지고 있다. 이러한 활동은 어린이들로 하여금 사회과를 즐겁게 여기고 주체적으로 학습내용을 이해하도록 하는 데에 효과적이다. 또한 수업에서 자료를 활용할 때에 실물 화상기기나 사진 판넬 및 비디오 교재 등 시각적·영상적인 것도 많이 이용되고 있다. 이러한 경향은 현재 어린이들의 실태를 반영한 것이지만, 살아 있는 사회과 수업을 위해 진일보한 측면이다.

9장 초등 역사학습의 여러 자료들

1. 역사학습 자료의 요건

 학습자료(學習資料)란 학습지도에 사용되어지는 인적·물적인 제 자원과 시설을 총칭하는 것이다. 교과서는 가장 핵심적이고도 기본적인 학습 교재이고, 그 외에도 많은 종류와 형태의 학습자료들이 있다.
 교수-학습 자료는 학생들에게 제시될 학습내용을 포함하고 있다. 즉, 무엇을 가르칠 것인가에 대한 교사의 수업계획이 자료를 통해 구체적으로 드러나는 것이다. 가령, 연표(年表)가 학습자료로 제시되면, 그 수업 목표는 시간의식이나 변천의식을 파악하는 데에 있는 것이다. 따라서 학습자료는 수업 목표를 구현하는 수단인 동시에, 적절한 교수법을 선정하고 평가하는 데 참고 기준이 된다. 학생들은 교재와 학습자료를 통해 역사 내용과 만나게 되며, 그것을 탐구함으로써 지식과 정보를 추출할 수 있는 능력을 기르고 역사적 사고를 경험할 수 있다.

역사학습에서는 학습내용의 추상성 때문에, 그것을 구체화하기 위해서는 다양한 학습자료를 동원해야 한다. 학습내용과 전혀 다른 시대적 상황에서 살고 있는 학생들에게 교과서 위주의 단편적인 사실이나 개념들을 단순히 주입시키거나 맹목적으로 암기시킨다면, 이는 그들로 하여금 역사 이해를 가로 막는 장애물이 될 것이다. 그러므로 다양한 학습자료를 통해 여러 모습을 상상하게 하고, 감정이입(感情移入)을 하도록 해야 한다.

이미 알려져 있듯이, 역사교육의 궁극적인 목적은 역사적 사고력의 신장을 통한 역사의식의 함양에 있다. 이러한 목적을 달성하기 위해서는 역사 지식의 이해 외에 고차원적인 사고 능력이나 바람직한 가치·태도를 신장하는 데에 주력해야 한다. 그런데 고차원적인 사고 능력이나 바람직한 가치·태도는 수동적인 지식전달 위주의 수업방식으로는 접근하기가 어렵다. 따라서 창의적인 교수·학습 방법의 적용과 다양한 학습자료의 활용을 통한 역사학습이 요구될 따름이다.

그러면 역사학습에 있어서 학습자료는 어떤 중요성을 지니고 있을까? 최완기가 정리한 것을 제시하면 다음과 같다.

첫째, 학생들의 흥미와 요구를 충족시킬 수 있는 자료를 활용함으로써, 사고력을 촉발시켜 역사이해를 심화시키고, 역사적 사실과 현상에 대한 비교·분석·종합력을 배양할 수 있다.

둘째, 탐구 학습이나 문제 해결 학습, 그리고 자기 주도적 학습을 실시할 때, 학생들이 그들 스스로 학습할 문제를 발견하여 탐구한 후 해결하여 얻은 결론을 일반화하도록 하기 위해서는 적절한 유도·자극·암시를 줄 수 있는 구체적인 자료가 활용되어야 한다.

셋째, 역사학습의 추상적인 지식이나 개념을 구체화하거나 실증화하기 위해서는 가능한 많은 자료를 활용하는 것이 효과적이고 정확하다.

넷째, 학습자료는 시간에 따라 변화되고 지역에 따라 다른 역사사실이나 현상을 비교하여 그 차이점과 공통점을 알게 할 뿐만 아니라, 종합적으로 파악하는 것을 용이하게 한다.

결국 다양한 학습자료는 학생들의 학습 동기를 유발하고 탐구과정을 통해 역사적 사고력을 신장시킴으로써 학습효과를 증진시킨다. 따라서 학습지도에 있어서 역동적이고 정확하고 정선된 자료를 다양하게 활용하는 것만이 역사 교과의 학습을 생동적이고 실증적이며 발전적으로 이루어질 수 있게 한다.

학습자료로서 갖추어야 할 조건은 여러 가지가 있겠으나 ① 학생들의 역사적 사고를 자극하는 자료, ② 새롭고 창의적인 역사 해석을 담고 있는 것, ③ 역사의식을 일깨우는 자료, ④ 최신 교수 매체를 활용한 참신한 자료, ⑤ 학습내용의 이해나 문제의 해결에 도움이 되는 것, ⑥ 관련·비교·종합에 도움이 되는 것, ⑦ 표현이나 설명에 도움이 되는 것, ⑧ 결과의 확인이나 평가에 도움이 되는 것, ⑨ 조사활동에 시사를 주는 것 등을 들 수 있다. 결국 학습자료는 객관성이 있으며 사고력 신장과 문제해결에 도움이 될 수 있는 것이어야 한다.

2. 역사학습 자료의 실태

1) 학습자료의 구분

학습자료는 우리의 생활경험과 주변의 소재를 통해 직접적인 자료를, 영상 속에서 간접적인 자료를, 도서관·박물관·미술관·자료관 등에서 실증적인 자료를 확보할 수 있다. 이들 역사학습 자료를 유익하게 활용하기 위해서는 체계적으로 구분하여 정리해야 한다. 학습

자료를 구분하는 방법은 흔히 문자 자료와 비문자 자료, 또는 1차 자료와 2차 자료 등으로 구분하지만, 관점과 학자에 따라 매우 다양한 분류법을 사용한다.

송춘영(宋春永)은 역사학습 자료를 다음과 같이 분류하였다.
① 형태상 : 문헌(문서) 자료, 유물·유적 자료, 구비·전승 자료, 언어 작품 자료, 인물 자료
② 가치상 : 1차 자료, 2차 자료, 3차 자료, 보조자료
③ 기타 : 인물 자료, 향토 자료(지역사회 자료), 도서 자료, 시사 자료, 시청각 자료, 통계 도표

『역사교육의 이해』에서는 다음과 같이 분류하였다.
① 시각 자료 : 지도, 연표, 그림, 도표, 사진, 만화, 슬라이드
② 사료 : 문헌 사료, 문화재
③ 문학 작품 : 시, 소설, 수필, 일기, 편지, 기행문
④ 시사 자료 : 신문, 잡지, 역사 신문
⑤ 박물관 자료
⑥ 영상 자료 : 드라마, 다큐멘터리, 영화
⑦ 컴퓨터 자료 : 소프트 웨어, 인터넷

최완기(崔完基)는 역사학습에 유용한 자료를 다음과 같이 분류하였다.
① 읽기 자료 : 교과서, 역사 부도(사회과 부도), 백지도(白地圖), 교과용 지도서, 학생용 참고서, 전문 서적, 학회지, 백과 사전, 여행기, 신문, 연표, 만화, 잡지류, 통계류, 정부 간행물, 지명·인명 사전, 마이크로 필름

② 시청각 자료 : 사진, 삽화, 슬라이드, 필름(TV, 영화), 인터넷, 음성 테이프, 학습용 CD, 유물, 모형, 교실용 지도
③ 지역 자원 : 견학 및 답사, 현장 학습, 인적 자원(지역 유지, 역사 학자, 공무원)

이러한 역사학습 자료들을 통해, 학생들은 복잡한 것을 쉽고 간단하게 알 수 있고, 보고 듣고 느끼지 못한 것을 직·간접적으로 경험할 수 있으며, 추상적인 것을 구체적으로 알 수 있게 된다. 그리고 반대로 구체적인 것들을 통해서 추상화를 할 수도 있게 된다. 그러나 학습자료를 활용·선정하는 데 있어서 주의할 점은 우선 교육의 목적과 내용에 맞는 적절한 자료 활용의 여부가 교육효과의 성패에 영향을 미친다는 점이다.

2) 학습자료의 종류

사회과 수업에서 자료를 사용하지 않는 수업은 전적으로 생각할 수 없다. 주요한 교재인 교과서에는 사진, 그림, 통계, 연표, 지도, 사료 등이 풍부하게 수록되어 있어 많이 이용된다. 또한 학습 목표나 주제에 따라서는 교육 당국에서 제공한 부속 도서(『사회과부도』,『탐구생활』)나 각종 자료집, 그리고 시중에서 판매하는 도서(『백지도』)나 역사 지도 및 연표, 또 학생들이 작성한 작품 등도 수업 자료로 활용된다. 이러한 자료의 활용으로 사회과 수업은 보다 충실해지는 것이다.

『사회과 교육과정』에서도 이 점은 강조되고 있다. 예를 들면, 교수·학습 방법 제9항에서 "교수·학습의 효율성을 높이기 위하여 지도, 도표, 영화, 슬라이드, 통계, 연표, 연감, 신문, 방송, 사진, 기록

물, 유물, 여행기, 탐험기 등의 다양한 교수·학습 자료를 활용한다"
고 하였다. 이러한 원칙은 교사용 지도서에서 각 학년의 각 단원을
설명하면서 보다 구체적으로 제시되고 있다. 이처럼 『사회과 교육과
정』에서도 사회과 학습에 있어서 자료 활용의 필요성과 그 기본적인
방안이 구체적으로 제시되고 있으니, 역사학습의 경우에도 당연히
그대로 적용되어야 한다.

초등학교 역사학습에 있어서 자료 활용의 목표는 역사에 대한 흥
미나 관심을 높이고, 역사의식이나 역사적 사고력을 한층 신장시키
는 데에 있어야 한다. 이를 위해서 역사 연대표, 역사 지도, 이야기,
신화, 전설, 전기 등을 우선적으로 활용해서 역사에 대한 친숙함을
가지게 하고 역사학습을 신변에서 구체화할 필요가 있다. 하나씩 살
펴보자.

역사학습에 있어서 역사연표(歷史年表)는 빠져서는 안 되는 자료이
다. 추상적인 시간 거리를 구체적으로 파악하는 능력은 역사학습에
있어서 기초적인 것이다. 이러한 능력을 배양하는 데에 있어서 역사
연표는 매우 좋은 자료이다. 그렇다고는 해도 초등학생에게 복잡한
연표는 필요하지 않다. 시간 거리의 파악을 위해 구체적으로 공부하
는 방안이 필요하다. 연표를 활용하면, 초등학생에게라도 역사적 사
실의 인과 관계나 사실 상호간의 관련 등을 이해시킬 수 있고, 역사
적 사고력을 육성시킬 수 있다.

역사지도(歷史地圖)도 역사학습에서 기본적인 자료이다. 역사적 사실
의 공간적 위치나 지리적 조건과의 관련을 고찰하는 데에 있어서 역
사지도는 없어서는 안 된다. 이를 활용하기 위해서는 평소부터 연표
나 지도에 친숙해지도록 하고, 올바르게 독해하는 습관을 몸에 베이
도록 하게 할 뿐만 아니라, 때로는 학생들에게 자작(自作)하도록 하는

것도 효과적일 것이다.

　통계(統計)나 그래프 등의 활용도 역사적 사실의 복잡한 구조를 해명하거나, 경과나 변천의 이해 및 사실 상호간의 관련성을 파악하는 데에 유효하다. 최근에는 역사 인구학(歷史 人口學)의 성과를 필두로 하여, 역사적 사실을 수량화해서 제시함으로써 역사상의 구체화를 시도하는 작업이 많이 진행되고 있다.

　또한 이야기나 문학작품(文學作品: 역사 소설, 전기, 민속 문학) 등도 적극적으로 활용해 보길 권하고 싶다. 그것들은 역사학습이 무미건조하게 바싹 말라버린 것이 되지 않게 하기 위해서, 시대를 풍부하게 이미지화하기 위해서도 없어서는 안 되는 것이다. 문학작품의 경우는 작자의 인생관과 세계관 및 역사적 안목을 이해할 수 있고, 게다가 작품 그 자체를 통해서 문제 장면을 감동적으로 배운다거나 인간을 보는 눈을 배운다거나 하는 것이 가능하다. 특히 이야기, 신화, 전설, 전기 등의 문학성 자료는 어린이들의 상상력을 자극하여 살아 있는 역사수업을 가능하게 한다.

　다음으로 역사학습에 따라서 지역에 있는 유적(遺跡), 유물(遺物), 전승(傳承) 등의 조사나 박물관(博物館) 등의 시설 이용, 그리고 역사 체험자의 초청강연이나 구술도 역사적 사실을 친밀하게 느끼게 하는 데에 도움이 된다. 교실 안에서 교과서 중심, 문헌 자료 중심의 학습에 의존하지 않고, 아동 자신에 의한 견학이나 조사 등을 효과적으로 실시함으로써 역사에 대한 흥미·관심과 학습 의욕을 높일 수 있다. 유물·유적 등의 실물자료는 직접 접촉할 수 있고, 자료 그 자체의 형태·구조·재질 등의 특징에 주목하게 할 수도 있다. 그것을 통해서 당시의 기술수준이나 사회구조 및 생활양식까지 직관적으로 파악하는 것이 가능하다. 이러한 학습은 문화유산을 존중하는 태도를 배양하는 데에 도움을 준다.

이 외에 괘도(掛圖), 회화(繪畵), 사진(寫眞), 신문(新聞), 만화(漫畵)를 위시하여 텔레비전, 비디오, 컴퓨터에 이르기까지 역사학습에 사용되는 자료나 교구는 다양하다. 특히 최근에는 음성자료(구술 녹음, 라디오 녹음), 영상자료(영화, 드라마, 다큐), 실물 화상기, PC 등을 이용한 실천도 많이 행해져 역사학습이 보다 다양하게 전개되고 있다. 영상자료의 경우도 단지 시청되어질 뿐만 아니라, 정태적·동태적 이용은 말할 것도 없고, 부분을 확대해서 보이게 하거나, 지도나 그래프를 첨가하고, 또는 간접체험을 하거나, 게임으로 이용하는 등 다양한 활용이 가능하다. 따라서 수업전개에 있어서 이들 자료들은 문제의 제시와 확인 단계부터 탐구·비교·검증·응용 단계에 이르기까지 적용할 수 있다.

이상에서 역사학습 자료에 대하여 설명하였지만, 이들이 실제 활용에서 개별적으로 이용되어지는 것은 아니다. 입체적·구조적으로 이용할 필요가 있다. 그때 가장 중요한 것은 자료 그 자체에 얽매어 시대의 전체상을 잃어버려서는 안 된다는 점이다. 역사학습에 있어서는 특히 인과적·발전적 사고 등의 육성이나 시대상의 형성, 역사적 사실에 대한 의미 부여가 필요하다고 여겨지기 때문이다.

3. 역사학습 자료의 활용

1) 다각적 활용

역사학습에 있어서 자료는 각 자료의 성격이나 종류에 따라서 학습지도 과정에 적절하게 활용되어야 한다. 교수학(敎授學)의 원칙에 따라 단지 이용하면 좋다는 것은 아니다. 역사학에서 행하는 사료비판의 자세를 견지해서 항상 자료 그 자체의 정확성과 교재성을 배려하는 것이 필요하다. 그 위에 다각적이고 구조적인 방법으로 이용하거나 교과서의 보완적 취급을 강구한다거나 하는 것을 시도해야 한다.

다각적인 이용이란 일면적인 취급에 그쳐서는 안 된다는 것이다. 예를 들면, 조선 후기 농민의 생활은 희망이 없고 비참한 상태라는 전제 아래에, '실학(實學) 서적'을 자료로 이용하는 경우가 많다(유형원의 『반계수록』, 정약용의 『목민심서』, 박제가의 『북학의』, 홍대용의 『의산문답』 등). 초등 교과서도 이를 수용하여 세금의 증가, 무전 농민과 유이민의 발생, 상공업의 침체 등을 언급하면서 조선 후기 사회의 어려운 농촌 생활을 서술하고 있다. 따라서 피지배층으로서의 농민은 각종 규칙과 여러 지배층에 의해 생활의 구석구석까지 통제되며 착취에 시달리고 있다는 이해에 도달한다. 기본적인 이해에 있어서는 별다른 차이가 없지만, 이러한 일면적인 이용만으로는 조선 후기 사회에 대한 올바른 이해를 얻을 수 없다.

조선 후기 사회는 변화가 계속되면서 농민생활에도 이전 시대와 다른 변용이 나타났던 것이 사실이다. 가령, 17~18세기에는 인구가 급증하고, 경지 면적이나 농업 생산량이 증대되고, 상품 화폐 경제의 발달로 물질적 생활도 눈에 띄게 향상되었다(물질적 생활의 향상이라는 측면은 18세기에 사치품이라는 비판을 받으면서까지 가체, 족두리, 노리개 등 명품이 널리 유통되었던 것이 증명한다). 이른바 '18세기의 번영'은 이렇게 해서 생겨난 것이다.

이상과 같은 시대 배경을 바탕으로 하여 자료를 이용하면, 또 다른 면을 이해하는 것이 가능해진다. 조선 정부에서 발표한 많은 법령·규정이 금지 사항이나 벌칙에 무게를 두었던 것에 대응해서, 실학서는 교화적이고도 권농적인 지도서 양상을 띠고 있다. 그리고 금지 언어로 쓰여 있지만, 의류·술·담배 등 상품의 유통이 일반화되고 있으며 농작물이 다양화되고 있는 것 등을 역설적으로 알아차릴 수 있도록 하고 있다. 또한 실학서는 세금 확보를 위해 양인 농민의 육성을 목표로 하기도 한다. 이를 통해 당시의 시대상이나 농민상을 다양하게 파악할 수 있다.

자료를 활용하기 위해서는 자료의 수집, 정리, 보관이 필요하다. 이미 출판된 향토사 관련 자료는 말할 것 없고, 신문이나 잡지의 발췌, 여행 회사의 팸플릿, 여행지의 토산물, 게다가 학생들의 자작 자료 등을 자료실에 수집하여 보관해야 한다. 이를 위해서는 평소에 기회가 있을 때마다 자료의 수집·정리에 뜻을 두고, 그것들을 축적해 두는 것이 바람직하다. 가능하다면 자료 활용의 기록 또한 연차적으로 정리해서 두는 것이 필요하다. 이러한 기초작업의 축적을 통해서 보다 효과적인 자료 활용을 기대할 수 있다.

2) 친근한 활용

연표, 지도 등 각종 기초적 자료를 효과적으로 활용하는 것이 가능하도록 역사수업을 이끌어야 한다. 그리고 어린이들에게 옛날 사람들의 생활에 대해 직접적으로 알게 해주는 다양한 유물·삽화·기록(사료)들을 역사학습에 도입해야 하는데, 여기에는 생활 도구, 가족의 기록, 신문, 편지, 일기 등이 포함된다. 또한 사회적 현상의 의미를 보다 넓은 시야로 바라볼 수 있도록 해야 하는데, 이를 위해서 박물관이나 향토 자료관 등의 활용을 도모함과 동시에 주변 지역 및 국토 유적이나 문화재 등의 관찰이나 조사를 행하고, 그것에 기초한 표현 활동이 행해질 수 있도록 배려하는 노력이 있어야겠다.

이렇게 볼 때 역사에 대한 관심과 흥미를 이끌어 우리나라에 대한 애정을 가질 수 있도록 다양한 자료가 동원되어야 하고, 모든 자료들은 어린이들이 주어진 문제를 해결하고, 과거와 현재를 비교·대조하고, 그들 자신의 역사 이야기를 만드는 능력인 역사적 사고를 구축하도록 창의적으로 사용되어야 한다. 결국 초등학생들에게 '살아있는 역사수업'이 되기 위해서는 다음의 세 가지 자료 활용 방안이 고려되어야 한다.

첫째, 친근감(親近感)을 주는 지역자료가 좋은 자료라고 볼 수 있다. 친근감을 주는 자료란 학생이 서있는 곳으로부터 가까운 곳에 위치해 있는 자료를 말하는데, 이를 보통 지역교재(地域敎材)라고 부른다. 그러므로 지역교재는 학생들의 주거지·학교를 중심으로 하여 주변 지역에 산재해 있는 소재를 학습자료로 삼은 것으로, 학생들이 일상생활 속에서 살고 있으면서도 그냥 지나쳐 버리고 있는 소재를 교재화한 것이다. 이러한 지역교재의 활용은 신근(身近)한 심정을 불러일으켜 의욕 있는 학습을 전개시키는 것을 가능하게 할 뿐만 아니라, 학생들의 눈을 주변으로 향하게 하는 장점이 있다.

지역교재는 학생들 자신의 조사활동이 가능하고, 교사의 조사연구를 위해서도 유용하다. 이러한 지역교재를 사용한 의도는 학생들이 지역을 올바로 보고 이해해서, 그를 토대로 역사라고 하는 먼 존재가 자신과 밀접한 관련을 지닌 채 자신의 주위에 존재한다는 것을 인식할 수 있도록 하는 데 있다. 또한 지역을 올바르게 아는 것으로 이어지고 지역에 대한 애착도 솟아나게 하는 데에 있다.

둘째, 교재 활용을 심리적으로 친근감을 갖도록 하는 것이 필요하다. 어린이들은 자신의 일상생활 경험 속에서 여러 가지를 체험하고, 비디오·영화를 시청하며 많은 역사를 접하고 있다. 예를 들면, 농촌의 사찰이나 비석이 있는 곳에 가거나, 옛날부터 전해오는 축제에 참가하거나, 텔레비전에서 사극을 본다거나 한다. 이러한 것들 가운데 그들이 살고 있는 지역에 없는 것도 있지만, 많은 것은 그들의 일상생활 경험 속에 존재하고 있는 것이 사실이다. 그러나 의식적으로 배우는 것은 그렇게 많지 않다고 생각한다. 각자 다른 목적으로 보고 있다거나, 접촉하고 있다거나 하고 있는 것이다. 그러한 교재를 실태조사 등으로 사전에 파악하고 교재화한 것이 바로 지역교재이다.

또한 의도적으로 현장학습(소풍, 수학 여행을 포함하여)이나 이동교실 등으로 전원이 참가하는 것도 가능하여, 어린이들의 실태에 따르거나, 지역의 사정이나 어린이의 발달에 입각해서 교재화하는 것도 좋다. 거리는 다소 떨어져 있어도 심정적으로 가깝게 되면, 의욕적인 활동이 기대되는 것이다. 다만 곧바로 조사해서 행하는 것은 어려우므로 사전에 자료 수집 등의 준비를 태만하지 않도록 해야 한다.

셋째, 이미지를 만드는 교재·교구를 활용한 학습활동이 필요하다. 역사 사실이 진실인지 아닌지를 확인하기란 불가능에 가깝다. 일반적으로 자료에 기초해서 대다수가 인정하는 학설이 역사를 구성하고 있다. 바꾸어 말하면 역사가 허구의 세계일 가능성도 그 속에 내재되어 있다. 그러므로 상상을 통해 이미지화한 것이 역사를 배우는 즐거움을 배가해 줄 수 있다. 따라서 어린이들이 혼자서 역사의 무대에 자신을 올려놓고 주위를 보도록 이미지를 갖게 하는 것이 역사에 대한 애정을 키우는 데에 도움이 된다. 그것을 위해서는 어떠한 교재·교구를 어떤 활동을 통해서 활용하면 좋을까?

교재·교구는 가능하다면 실물이 좋지만, 모형을 사용한다거나 화상물을 활용하면 유익하다. 글 속의 문장을 읽고 이해하는 데에 개인차가 존재하여 한계가 있기 때문이다. 실물이나 모형·화상은 곧

바로 이미지를 만들 수 있어 최적이다. 그것에 교사가 의도하는 것을 강조하는 방법도 가능하고(무엇을 보아라, 무슨 특징을 찾아라 등), 궁극적인 것을 생각하게 하는 방법 또한 가능하다.

　이러한 교재·교구를 이용한 학습활동은 단순히 머리만 사용하는 데에 그치지 않고 신체를 사용하는 활동과 병행하면 더욱 유익하다. 재현활동, 그림 그리기, 문자로 쓰기, 모방활동을 병행해서 자기 나름의 이미지를 만들어 가면 역사학습 효과를 촉진하는 방안이 될 것이다.

10장 가족사 학습

1. 가족사 학습의 개념

가족(家族)이란 부모·자식·부부 등의 관계로 맺어져 한 집에서 함께 생활하는 공동체를 말한다. 인류의 발생과 거의 때를 같이하여 발생된 가장 오랜 집단이며, 어떤 시대에나 존재하는 가장 기본적인 사회생활 단위이다. 가족의 형태나 기능은 시대나 지역에 따라 다양하지만, 사회의 구성원인 개개인의 생활 장소이며 가장 원초적이고도 기본적인 단위인 것만은 분명하다.

현재의 사회 문제 가운데 가족 문제가 차지하는 비중이 매우 높은 편이다. 가족 안에서 발생하는 노인 부양의 문제, 부부 간의 갈등과 폭력, 아동의 학대, 고부 간의 불화, 가족끼리의 성폭력이나 재산 다툼, 마약이나 알콜 중독, 지나친 소비 심리 등은 심각한 수준에 이르렀다고 한다. 심지어 별거, 이혼, 유기, 가출, 자살 등으로 인해 '가족 해체'의 위기에 직면하고 있다는 지적도 있는 실정이다.

현재의 가족 문제는 보다 구조적인 차원으로 들어가고 있다. 과거에 등장한 핵가족화를 넘어, 소가족화와 노령화, 심지어 재혼으로 인한 이성 가족, 국제결혼으로 인한 다문화 가정로 치닫고 있다. 근래 호적 제도의 개정은 새로운 가족 문화를 요구하기도 한다. 이러한 우리의 실정을 감안할 때, 가족을 사랑하고 새롭게 이해하는 교육이 시급히 보완되어야 할 것으로 여겨진다. 이를 위해 가족사(家族史, family history) 수업이 필요하다.

그런데 가족을 사랑하는 마음은 그 자체로 끝나는 것이 아니다. 자기 가족을 사랑하고, 그것을 토대로 자기 지역이나 민족 및 나라를 사랑하는 마음을 갖도록 하는 것이 초등학교 역사교육에서 필요할 것이다.

가족은 개인이 모여서 이루어지지만, 사회는 그러한 가족들의 구성에 의해 이루어진다. 따라서 어떤 한 시대의 흐름, 즉 역사라는 것은 개인과 가족의 역사와 아주 밀접한 관련을 가지고 있다. 가족의 생활이 모여 그 시대의 역사가 될 수 있고, 역사적 사건이 가족의 생활에 지대한 영향을 미치는 경우가 많다는 것이다. 그러므로 특정 시대를 살았던 사람들의 가족 역사를 살펴보는 것은 당시의 시대적 상황을 좀 더 구체적으로 알아보는 데 있어 아주 중요한 사료가 될 것이며, 가족과 시대적 흐름의 상호 작용에 대해 알 수 있는 계기가 될 것이다.

우리가 여기에서 다루려고 하는 가족사는 학생을 중심으로 부모, 조부모가 지금까지 살아온 생활 양식을 조사하는 접근 방식이다. 학생들이 역사 공부를 시작하는 데에는 특별한 장소가 따로 없다. 학교뿐 아니라 가정에서도 같이 사는 사람을 통해서 역사 감각을 익혀갈 수 있다. 이처럼 가족 구성원을 역사학습의 자료로 삼는 것이 바로 가족사 접근이다.

실제로 확대 가족을 이루거나 조부모와 접촉할 기회가 많은 학생은 그렇지 않은 학생보다 훨씬 더 쉽게 역사적 감각을 익힐 수 있다. 교육학자들은 학생들이 자신의 과거를 생각할 수 있는 한계를 할아버지, 할머니 세대까지라고 보고 있다. 그래서 가족사의 범위도 부모와 조부모까지 설정하는 것이 바람직할 것이다.

가족사 접근의 가장 큰 의의는 역사의 한 부분으로 개인을 끌어들일 수 있다는 점이다. 가족에 대한 공부는 학생이 스스로의 뿌리에 대한 느낌을 가지게 하고, 나아가 그 지역에서, 국가 내에서, 국제적으로 그들의 존재의식을 심어주는 좋은 학습이 될 수 있다. 또한 부수적으로 가족사의 학습을 통해 교사가 학습자를 더 깊게 이해할 수 있게 되는 점도 가족사 학습의 큰 의의이다.

가족을 역사의 한 부분으로 끌어들일 수 있다는 것은 학문적인 중압감 없이 역사를 가장 쉽고, 실제적으로 느낄 수 있게 해 주는 장점을 가진다. 개인의 가족사에서는 정답과 오답이 있을 수 없고, 자신이 주인공이라는 점은 초등학교 저학년 학생에게 가장 일상적인 동시에 인상 깊은 학습으로 자리할 수 있다.

2. 가족사를 역사학습의 첫 장으로

인문학의 위기를 극복하기 위해서 인문학적 역사교육이 필요하다는 주장이 제기되었다. 이 주장을 편 학자는 우리나라의 역사교육은 초등학교에서 가족사, 지역사, 이웃 지역사에 초점을 두어야 한다고 하였다. 그리고 "초등학교의 교육은 지식 중심의 교육 내용과 암기 위주의 교육 방법에서 탈피하여 실천 중심의 체험 교육과 토론 학습이 되어야 한다. 이러한 면에서 역사교육도 공간적·지리적으로 가까운 곳으로부터 시작하는 것이 좋을 것이다. 가족사와 지역사는 학생 자신과 직접적인 관련이 있으므로, 학습에 관심과 흥미를 가질 수 있고, 역사를 구체적인 실제 생활과의 관련 속에서 이해하게 될 것이다"고 하였다. 이렇게 볼 때, 초등학교 역사교육에서 가족사 교육은 중요하면서 역사교육의 계열성에 부합되는 것임에 분명하다.

현행 초등 사회과의 내용 조직은 환경 확대법 원리에 의해 계열화한다는 것이 교육과정 상의 원칙이다. 그에 따르면, 초등학교 사회과에서는 학생들이 주변의 사회적 사실과 현상에 대하여 관심과 흥미를 가지며, 생활과 관련된 기본적인 지식과 능력을 습득하고, 창의적인 자세로 일상생활에 적응할 수 있도록 해야 한다. 그리고 학습자의 발달, 사회적 경험, 사회 기능을 고려하는 환경 확대법의 원칙에 따라 초등 사회과의 교육내용은 배열되어 있다. 즉, 3·4학년의 생활 주변과 시·군 혹은 시·도의 지역사회 이해와 문제 해결에서부터 5·6학년의 각 지역·국가·세계의 사회 현상 파악 및 문제 해결 내용으로 확대되도록 구성되어 있다.

이상을 통하여 초등 역사수업은 가까운 곳으로부터 교육을 시작하여 먼 곳으로 옮아가는 것이 바람직스럽다고 여겨진다. 그렇게 볼 때에 인간이 살아가는 여러 사회적 단위에 대한 역사를 가정 → 마을 → 고장 → 나라 → 세계 순으로 공부해야 할 것이다. 따라서 가정생활에 대한 공부는 우리 고장에 대한 공부보다 먼저 있어야 한다. 사회적으로는 가정이, 역사적으로는 가족사기 초등학교에서의 사회과 교육 혹은 역사교육의 첫 장을 차지해야 한다는 것이다.

그런데 우리의 현실은 두 가지 상반된 위치에 놓여 있다. 초등 사회과가 처음 시작하는 3학년에서 시·군의 역사를 공부하여, 가정·가족보다 상위 개념인 지역사(地域史)부터 정규 사회과가 시작된다. 가족사 관련 내용은 4학년 2학기에「가정 생활과 여가 생활」이라는 단원에서 소개되어 있는데, 여기에서는 '가정 생활의 변화' 주제에서 '가정의 여러 형태'와 '서로 돕는 우리 가족'이라는 제재를 다루고, '여가 생활의 변화'라는 주제에서 '윷놀이와 컴퓨터 게임'과 '즐거운 주말'이라는 제재를 다루고 있다.

반면에 1학년 2학기『슬기로운 생활』교과의「화목한 우리 가족」이라는 단원에서도 가정과 가족을 다룬다. 이 단원은 우리 가족이라는 범주 안에서 나와 사회의 관계를 이해하기 위해 설정된 단원으로, 교육과정에 의하면 '우리 집 행사 조사하기', '가족 구성원 알아보기'의 두 가지 활동 주제를 기초 탐구 활동인 '조사, 발표하기'를 중심으로, '만들기', '놀이하기', '무리짓기'를 병행함으로써 익히도록 되어 있다.

따라서 가족사는 사회 과목이 처음 시작하는 3학년 1학기에 지역사에 앞서서 가르쳐지는 것이 바람직하다. 가족은 우리의 가장 가까운 존재이고, 가까운 곳에서부터 교육을 시작해야 하기 때문이다.

3. 가족사 학습방법

1) 가정생활 중심

현재 초등학교 사회과 교육에서는 가족사 학습이 거의 무시되어 있다. 앞에서도 언급한 것처럼, 4학년 2학기에「가정 생활과 여가 생활」을 배우게 되어 있다. 그중 '가정 생활의 변화'를 보면, 첫째는 가정이란 소중한 생활의 보금자리라는 것, 둘째는 우리 주위에 있는 여러 형태의 가족들, 즉 3세대 가정(대가족), 2세대 가정(핵가족), 1세대 가정(자식 없는 가족), 독신 가정 등을 설명하였다. 셋째로는 가족 구성원의 역할 변화를 설명하였고, 넷째는 행복한 가정을 위해 노력해야 할 점을 제시하였다. 이처럼 현행 가족사 학습은 오늘의 가정 생활을 중점적으로 가르치도록 되어 있다.

초등학교 가족사에 대한 언급은 할아버지·할머니까지 소급하고 있다. 이 같은 가족 관계는 1학년 2학기 『슬기로운 생활』에서도 마찬가지다. 그러므로 할아버지·할머니 이상의 먼 조상에 대한 행적을 조사하도록 학생들에게 숙제를 내거나 하는 것은 바람직스럽지 못할 것이다. 왜냐하면 잘 모르거나 유명하지 못한 조상을 조사하게 하여 학생들에게 정신적인 열등감을 가지게 하는 것은 좋은 일이라고 생각되지 않기 때문이다.

특히 먼 조상의 행적을 족보(族譜)를 통해서 알아보도록 하는 것은 문제다. 다 아는 바와 같이, 족보란 본래 양반 집안의 전유물인 것이다. 그러므로 농민이나 노비 등 대부분의 국민은 족보를 가지고 있지 않았다. 따라서 현재의 국민 대부분도 농민이나 노비의 자손으로서 그 가정에 족보가 있을 까닭이 없다. 만일 그들 자손의 집에 족보가 있다면, 그것은 후대에 위조한 거짓 족보인 것이다. 이 거짓 족보로 거짓 조상의 행적을 알아본다는 것은 어리석은 일이다. 그러므로 족보 이야기를 빼버리고, 현실적으로 확실하게 알 수 있는 할아버지·할머니까지의 가족 이야기를 알아보도록 한 것은 유익한 일이다.

이러한 면에서 가족사 학습방법으로 다음이 고려될 수 있다. 가족의 얼굴 그리기, 가족의 사진 찍어오기, 우리 가족사의 일화 적기, 가족이 살아온 지역 찾기, 우리 가족이 좋아하는 음식과 그것을 만드는 방법 알기, 우리 가족의 기념일 알기 등 가족의 생활에 관한 모든 일들로 가족사를 구성할 수 있다. 좀 더 구체적으로 언급하면 다음과 같다.

첫째, 간단한 질문에 대한 답을 완성하는 전략을 사용할 수 있다. 즉 "나와 나의 부모님은 언제, 어느 곳에서 태어났는가?", "어느 곳에서 어떻게 자라났는가?", "우리 부모의 형제·자매는 누구누구이며, 언제, 어느 곳에서 태어났는가?", "지금은 무엇을 하고 있는가?", "직업은 무엇인가?" 등 다양한 세부적인 질문이나 조사로 자신과 가족에 대한 하나의 역사를 구성해 나갈 수 있다.

둘째, 가족의 사진이나 비디오를 활용하는 방법이다. 가족 전체가 모여서 찍은 사진이나 비디오 또는 우리 가족 구성원 각각의 사진을 모아 이들을 소개하고 설명하는 것은 가족사를 인식할 수 있는 한 방법이다.

셋째, 가족 나무(family tree) 그리기의 방법이 있다. 조부모와 그들의 형제자매, 부모와 그들의 형제자매, 그리고 나와 나의 형제자매에 대한 계통도를 완성한다. 그리고 하나의 가족을 구성하고 있는 이들 개인은 언제 어디서 태어났고, 어떻게 자라났으며, 지금은 무엇을 하고 있는지를 파악하는 것이다.

넷째, 행복한 가정을 만드는 표어나 가족 신문을 만드는 방법도 있다. 가족 신문은 수업 시간 중에 만들 수도 있으나 가정학습 과제로 가족과 함께 만들어 오게 할 수도 있다.

다섯째, 가족 구성원의 역할을 알아보기 위해, 역할 놀이를 시도하는 방법이 있다.

이상의 가족사 학습방법은 오늘날의 가정생활을 중심으로 조부모까지를 상한선으로 삼은 것이다.

2) 가족제도사 중심

가족사를 넓은 의미의 가족 역사로 본다면, 또 다른 측면을 학습할 수 있다. 즉, 가족 제도가 어떻게 변해 왔는가를 가르침으로써, 오늘의 가족 중요성을 다른 각도에서 생각해 보게 하는 것이다. 이 점은 『사회과 탐구』 4-2 「가정 생활과 여가 생활」에도 언급되어 있다. 즉, 옛날의 대가족(大家族) 형태는 다음과 같이 설명되고 있다.

> 저는 이복남입니다. 우리 가족은 할아버지, 할머니, 아버지, 어머니, 작은아버지, 작은어머니, 저, 여동생, 사촌 동생까지 모두 아홉 명입니다. 우리 집의 제일 웃어른은 할아버지이십니다. 할아버지께서는 매우 엄하셔서, 우리가 버릇없이 행동하거나 해야 할 일을 하지 않으면 무섭게 호통을 치십니다. 그래서 집안 식구는 모두 할아버지의 말씀을 잘 따라야 합니다(『사회과 탐구』 4-2, 54쪽).

즉, 옛날에는 7명이 한 집에 거주하고 할아버지의 말에 무조건 따르는 가부장적인 대가족 제도여서, 오늘날의 가족과는 많이 다르다는 것이다. 이 점을 가르치는 것은 분명히 중요할 것이다.

그러나 이러한 대가족 제도가 언제, 누구에 의해서 시작되었는가를 감안한다면, 가족의 역사를 좀 더 오랜 옛날부터 가르칠 필요가 있다. 신석기 시대 집자리의 크기를 보면, 보통 직경 6m 정도의 원형 움집이다. 이 움집은 대체로 4, 5명 정도가 살 만한 조그마한 크기인데, 아마도 한 쌍의 부부가 성장한 자녀 둘 정도, 때로는 어린애 한둘을 더 보탠 식구로 구성된 가족이 살고 있었을 것이라고 추측할 수 있다. 말하자면 오늘의 핵가족과 같은 것이다.

그 이후 오랜 역사를 거쳐 오면서 이 기본적인 가족 형태가 유지되어 왔다고 생각한다. 대체로 조그마한 초가집에 살게 마련인 일반

평민들이 대가족을 이루고 산다는 것은 불가능했던 것이다. 그런 가정 속에서 가정 사이의 따뜻한 사랑을 전하는 이야기가, 비록 많지는 않지만 약간이나마 전해진다. 그런 이야기를 학생들에게 들려주는 것이 어떨까? 가령, 신라 시대에 홀어머니를 모시고 정성껏 봉양하던 효녀 지은(知恩)의 이야기가 전해온다(『삼국사기』 48, 효녀지은전). 그런가 하면 홀어머니가 의상(義湘)의 제자가 되어 불도를 닦기를 원하는 외아들 진정(眞定)을 독촉하여 뜻을 이루게 한 이야기도 전하고 있다(『삼국유사』 5, 효선편, 진정사효선쌍미조). 이 같은 이야기는 이 외에도 더 많이 찾을 수 있을 것이다.

이와는 반대로 귀족들의 대가족은 정치적으로나 경제적으로 가족의 이익을 위하여 부정한 일을 하던 경우가 많지 않았을까 싶다. 고려 시대에 이자겸으로 대표되던 인주 인씨의 경우라든가, 조선 후기에 세도정치를 하던 안동 김씨와 같은 예를 들 수 있을 것이다. 그리고 이 후자의 경우에 족보가 필요했고, 또 가부장적인 권위주의의 가족형태를 띠었다.

이상에서 살핀 것처럼, 비록 자기의 직접적인 조상의 행적을 찾아보는 것이 아니더라도 가족사를 가르칠 길은 열려 있다고 생각한다. 그리고 그것이 학생들을 위하여 보다 더 필요한 가족사일 것으로 생각한다. 오늘에 계승해야 할 것과 고쳐 가야 할 것을 가르치면서, 진정한 가정의 중요성을 배울 수 있도록 배려해야 할 것이다.

11장 지역사 학습

1. 지역사와 학습자료

1) 지역사 학습의 개념

인간이 출생하여 성장하면서 인격 형성과 정신적·신체적 발달의 모체가 된 곳이 지역사회(地域社會)다. 지역사회는 오랜 기간 동안 공동체 생활을 영위하면서 많은 역사전통과 문화유산을 남겼고, 그것은 현지 주민의 생활에 직·간접적인 영향을 적지 않게 미치고 있으며, 앞으로도 계속 그럴 것이다. 바로 그러한 지역사회의 생활문화에 대한 역사를 지역사라고 하며, 그러한 지역사를 학습의 주제나 자료로 활용하는 것을 지역사 학습이라고 한다.

역사에 대한 학생들의 관심은 "내가 이것을 알아야 할 필요가 있는가?"라는 질문에 대한 답변에 가장 잘 나타난다. 그런데 학생들의 반응 정도는 그들의 삶과 관련되어 있음을 쉽게 파악할 수 있다. 자신의 삶과 연관되어 있는 소재에 대해서는 역사를 쓸모 있는 것으로 여겨 적극적인 반응을 보이는 반면, 무관한 소재에 대해서는 역사를 쓸모없는 것으로 여겨 소극적인 태도를 보인다는 것이다.

역사학습의 전형적인 단점은 수업에서 다루는 내용을 학생들이 직접 경험하거나 접촉한 적이 없어 그들의 삶과 직접 연결되어 있지 않다는 점이다. 이러한 점을 보완하기 위해 교사는 매력 있고, 의미 있고, 유용한 내용으로 이루어진 실제적인 역사 자료를 학생들이 사용할 수 있도록 학습활동을 계획해야 한다. 과거의 것에서 쓸모 있는 것을 배울 수 있도록 해주어야 한다는 것이다. 이와 관련하여 좋은 방안이 바로 지역사 학습이다.

특히 초등학교 사회과에서는 발달 단계 측면에서 학생들 주변의 것을 중심으로 하여 학습이 이루어져야 한다. 이러한 점에서 초등학습에는 지역화(地域化)의 정신을 살려 학생의 주변에서 쉽게 경험할 수 있는 내용을 실제적이며 구체적으로 조직하여 교육할 수 있는 지역사 학습이 요구된다. 더욱이 과거의 중앙집권적 형태에서 벗어나 지방자치제가 실시되면서 각 지역별로 지역사 연구가 활발해지고 있으니 이의 교육적 활용이 더욱 필요한 것이다.

그러면 지역사 학습은 어떤 의의가 있을까? 이를 교육적 의의와 역사적 의의로 나눌 수 있다. 먼저, 교육적 의의를 다음의 다섯 가지로 정리할 수 있다.

첫째, 지역사는 지역사람들의 문제해결의 역사다. 그러므로 지역사는 역사적 과제의 해결이라는 관점에서 출발하여 보다 발전적·실천적 태도와 능력의 배양을 강조한다.

둘째, 지역사회는 공동생활 감정을 모체로 하는 자연 공동체이기 때문에, 지역사는 친밀감과 애정을 느끼게 하는 것이다. 따라서 지역사는 조상의 피와 땀의 결정체에 대해서 더욱 애착심을 가지고 피부로 느끼는 친밀감을 갖게 한다.

셋째, 지역사는 학습자들이 직접 참여할 수 있는 현실 사회의 교육의 장이므로 향토의 역사적 과정을 학습하면서 그 속의 문제를 발견하고 해결하려는 능력과 태도를 길러 향토의 발전에 이바지하도록 할 수 있을 것이다.

넷째, 지역사는 학습자의 역사에 대한 관심과 흥미를 불러일으키고, 지역사에 대한 이해력을 높여 지역사를 보는 눈과 태도를 기를 수 있다.

다섯째, 지역사는 역사학습에 있어서 학문적 접근 방법을 체득하게 할 수 있으며, 역사적 사실의 추상적 이해로부터 벗어나 구체적인 실상을 파악하는 데 도움을 줄 수 있다.

이어, 지역사 학습의 역사적 의의를 들면 다음과 같다.

첫째, 지역사 학습은 역사이해의 측면에서 중요한 의의가 있다. 지역사 학습은 중앙지향이나 권력지향의 역사이해에서 벗어나 지역사회의 '민'의 역사를 대상으로 하는 것이다. 또 지역사 학습은 정치·군사·외교·행정 등의 '제도사' 중심의 역사이해에서 한걸음 더 나아가, 사회·경제·문화적 측면에서 '생활사'에 주목하는 것이다. 그리고 지역사 학습은 전문학자에 의해 독점적으로 제공되던 역사 지식은 물론이고 경험이 풍부한 '아마추어 전문가'나 학습자 본인이 발굴하거나 고찰한 지식을 소재로 하는 것이다. 이러한 점에서 지역사학습은 역사이해의 대상과 범위를 확대할 수 있다.

둘째, 지역사 학습은 조사와 연구를 병행하여 역사학습의 효과를 배가시킬 수 있다는 점에서 의의가 있다. 교실에서 행한 지역사 학습만 가지고서는 지역사에 대한 이해를 높일 수 없다. 지역사에 대한 조사와 연구를 통해서 학생들은 역사가와 연결되어 역사적인 생각을 설명하는 능력을 기르고, 역사란 한정된 과거 기록에 기초를 두고 해석과 추측으로 구성된 '논리적 이야기'라는 점을 깨닫게 된다. 이러한 과정을 거친 학생들은 지역사를 지역사회에 뿌리를 둔 유·무형의 것들로 가득 찬 이야기로 바라보게 된다. 이는 궁극적으로 지역사회에 대한 그들 자신의 이야기 구성을 돕고 자신과 과거·주변에 대한 넓은 관계성을 인식하게 함으로써 자기 재발견의 요소로 직결되고, 자기반성을 할 수 있는 기회를 제공할 것이다.

2) 지역사 학습의 자료

지역사는 종종 역사 탐구의 출발로 사용된다. 지역사는 그 지방의 대표적인 건물이나 오래된 곳을 중심으로 그것의 형성과 변화과정, 그리고 현재의 모습 등을 조사하는 방법이다.

지역사 학습은 학생들에게 있어 역사는 그들 주위에 산재하고 있다는 것을 알려준다. 주변에서 늘 보고 있는 학교, 공공 건물, 주택들이 모두 역사학습의 소재가 된다. 이는 가족사 학습의 의의와 같이 학습자의 생활이 역사의 한 부분이 된다는 점을 알게 해준다. 또한 역사적 탐구를 위한 특별한 방법에 입문할 수 있도록 도와준다. 해당 자료에 대한 추측과 상상을 위해서는 많은 사실적인 자료들이 요구되기 때문이다. 과거의 자연 환경에 대한 자료, 과거의 기술 수준에 대한 자료 등 깊이 있는 조사가 수반되어야 한다.

현재 지역사회를 직접 학습하고 있는 중학년뿐만 아니라, 역사학습 전반에 걸쳐 지역과의 연계를 중시하는 실천이 활발하게 행해지고 있다. 이는 통사적인 역사학습을 하고 있는 고학년에서도 중요한 것이다. 구체적으로 다음 세 가지 관점에서 지역과의 연계를 공부할 수 있다.

첫째, 지역의 역사적 소재를 교재화하는 것이다. 지역에 남아 있는 유적과 사적, 지역에서 발생했던 역사적 사건 등을 관찰하거나 조사하여 그것들의 역사적 배경에 관심을 갖고, 역사적 의미를 생각할 수 있도록 한다. 또한 지역에서 전에 활약한 인물의 활동을 중점적으로 조사하고, 향토의 선인을 배우는 것도 할 수 있다. 이것들은 어린이에게 지역을 '또 하나의 교과서'로 활용하는 것이다. 보는 각도에 따라서는 지역을 '교재의 보고'로 받아들여도 된다.

하지만 유의해야 할 것은, 지역사에 공연히 깊게 들어가면, 사실 상호간의 관계가 복잡해져 학습효과가 떨어질 수 있다. 우리나라 역사의 큰 흐름을 명확하게 파악하고 있지 않은 어린이에게 지역사의 사실이나 배경 및 인과 관계를 깊게 생각하도록 하는 것은 어렵기 때문이다. 어린이에게 맞는 친근한 지역의 사실이나 현상이 반드시 학습을 용이하게 하지 않는다는 것에 유의할 필요가 있다.

지금까지의 실천 경향을 보면, 지역교재를 학습의 도입부분에서 활용하여 학생의 흥미나 관심을 끈 후 다음 학습으로 연결하는 방법이 있다. 또 우리나라의 역사를 학습한 후에 '그 때 이 지역에는 어떠한 일이 발생하고 있었을까? 어떤 사람이 활약하고 있었을까? 등으로 역사학습을 발전시키기 위하여 지역교재를 제공하는 방법이 있다.

어느 쪽으로 해도 지역의 소재를 교재화해서 활용하는 것은 지역의 역사를 배우는 기회는 될지언정, 그것이 곧 우리나라 역사학습이 되지 않는 경우도 있다는 것을 충분히 유의할 필요가 있다. 우리나라 역사를 가르치는 것에 지역의 소재를 어떻게 접합시킬 것인가가 과제인 것이다.

둘째, 지역사회의 협력을 얻어서 수업을 진행하는 것이다. 소위 지역 인재를 활용하는 것이다. 거의 모든 지역에 향토사를 연구하고 있는 사람들이 존재하고, 서클이 구성되어 있다. 그러한 사람들은 귀중한 자료를 가지고 있고, 풍부한 지식이나 체험을 보유하고 있다. 역사수업에서 그러한 자료나 체험을 활용할 필요가 있다. 그들은 어린이들에게 ― 혹은 교사에게도 ― '또 한 사람의 선생'이라고 말할 수 있다.

 지역 사람들의 협력을 얻어서 수업을 진행할 때에 유의할 점이 있다. 그것은 수업의 의도나 진행 방법 등을 사전에 잘 협의해 두어야 한다는 것이다. 그 사람들은 다양한 관심이나 생각을 가지고 있는데, 그러한 관심이나 생각이 앞서 가면 지도 계획과 맞지 않는 경우가 있다. 또한 어린이들에게 말씨나 대화 내용이 어렵다거나, 어린이의 문제의식과 격리되어 있는 경우도 있기 때문이다.

 지역사회의 협력을 얻어서 수업을 진행하는 목적은, 어린이들이나 학교를 위한 데에 있을 뿐만 아니라, 그 사회를 위한 데에도 있다고 말할 수 있다. 현재까지의 연구성과에 따르면, 어린이들에게 돌아가는 것은 기대 이상의 기쁨이고, 성취감을 느끼는 장이기도 하다. 수업을 마친 후에, 할아버지나 할머니가 "오늘은 매우 감사합니다. 또 불러 주세요"라고 말하며 교실을 나가는 장면을 자주 보게 된다. 이것은 이런 장(場)을 만드는 것이 지역 사람들의 삶에도 보람이 된다는 것을 상징적으로 보여주고 있다. 그러므로 무엇보다도 어린이들의 교육을 학교와 지역사회가 하나가 되어 추진해 나가도록 분위기나 시스템을 만들어야 한다.

 셋째, 지역의 다양한 시설을 활용하는 것이다. 최근에는 지역에 역사 관련 박물관이나 향토 자료관 등이 만들어지는 등 지역의 학습 시설이 서서히 갖추어지고 있다. 그러한 시설은 어린이들에게 있어서 '또 하나의 교실(학습의 장)'이고, 그 직원(학예사 등)은 '또 한 사람의 선생'이다.

최근에는 학교 관계자와 협력해서 전시 내용이나 방법 등을 궁리하고 있는 박물관이나 자료관 등도 있어, 상호 협력이나 연대의 체제가 충실해지고 있다. 학교의 교사와 시설의 학예사는 사전에 협의하여 당일에 팀 티칭으로 지도에 임하는 경우도 있다.

지역의 박물관이나 자료관 등을 적극적으로 활용할 경우, 어린이들의 학습 환경을 확대하고, 보다 풍부하게 할 뿐만 아니라, 역사나 역사학습에 대한 흥미나 관심을 높일 수 있다. 또한 평생 동안 그러한 시설과 관계를 맺어 살고자 하는 의욕을 키우는 것으로도 이어지게 된다.

2. 지역사 학습방법

1) 지역사회 탐구

지역사 자료의 활용 방안에 관하여 일괄적인 언급을 한다는 것은 한계가 있을 수 있다. 그렇지만 초등학교 지역사 학습을 위한 자료 활용 방안으로 멀티미디어의 활용, 현장 체험학습, 문헌자료 활용, 인적자원 활용 등이 제시된 적이 있다. 여기에서는 지역사회 탐구하기, 자원 인사 활용하기, 향토자료관 방문하기, 지역 문화 행사 참여하기 등으로 나누어 살펴보고자 한다.

자기 고장을 탐구하는 것은 단순한 상식 몇 가지를 더 알고자 하는 것이 아닐 것이다. 고장을 알고, 고장의 발전을 위해 도움이 되는 일을 찾으려는 노력이 전제되어야 한다. 우리가 지역사회에 살면서 활동할 수 있는 몇 가지 사례를 박병섭 교사가 제시한 것을 정리하면 다음과 같다. 이를 토대로 더욱 다양하고 창조적인 활동이 펼쳐지기를 기대한다.

① 선조의 뿌리 찾기

뿌리 없는 나무가 없듯이, 선조 없는 후손도 없다. 우리 선조는 누구이며, 어떠한 삶을 살아왔는지 알아보고 그분이 남긴 유물과 유적을 찾는 것은 우리의 근본을 찾는 소중한 일이 될 것이다.

㉠ 족보를 펴놓고 나의 직계 할아버지를 중시조 이상까지 확인하며 올라가 본다(웃어른께 족보를 보는 요령을 설명 듣고, 자신이 알아보기 쉽도록 따로 정리하면 더욱 좋다).

㉡ 선조 가운데 이름을 남기신 분의 행적을 웃어른이나 기록을 통해 조사한다.

㉢ 우리 마을에 처음으로 들어오신 할아버지(한문으로 입향조라고 함)는 누구이며, 어떻게 하여 들어오시게 되었는가도 알아본다. 마을에 계신 친족이나 아는 친족들을 족보에서 확인해 본다(촌수와 대수 등).

㉣ 관련되는 곳(사당이나 묘소, 비석 등)을 방문하여 사진을 찍고 조사해 온다.

② 우리 마을 고인돌 조사

마을에 있는 고인돌을 직접 조사해 봄으로써 고인돌에 대한 이해를 높이고, 문화재 애호정신을 기를 수 있다.

* 준비물 : 고인돌 유적 분포도, 조사표, 줄자, 켄트지, 필기구

㉠ 마을에 있는 고인돌에 대해 사전 조사를 한다.

㉡ 고인돌 유적 분포도를 놓고 직접 확인해 나가면서, 고인돌 유

적 분포도를 그려 나간다.
ⓒ 마을 어르신을 만나 고인돌과 관련된 설명을 듣도록 한다. 없어진 고인돌이 있는지도 확인하고, 그것을 위치도에 적어 놓는다.
ⓔ 보고서를 짜임새 있게 정리한다(보고서 양식 제공).

③ 내 고장 우리말 땅 이름 찾기
마을에는 예전부터 전해 오는 정겨운 이름이 있었지만, 일제의 침략을 받으면서 많이 사라져 버렸다. 한글학회에서 조사한 것이 있기는 하지만 빠진 것이 있고, 급하게 여러 마을을 동시에 조사하면서 틀린 경우도 있다. 들판마다 골목마다 선조들이 붙여 놓았던 우리의 땅 이름(한자로 되어 있더라도 유래가 있는 땅 이름)을 찾는 것은 대단히 의미 있는 일이다.
㉠ 먼저 상세한 지도와 마을의 지명이 정리되어 있는 책을 본다(마을 유래지, 군사).
ⓒ 마을의 어른신을 모시고 동네를 돌면서 예전에 불렀던 이름을 소개받는다.
ⓒ 그 내용을 정리하여 보고서로 정리한다(책자에 잘못된 내용이 실린 경우에는 군청 문화관광과나 문화원에 제보해 줄 수도 있다).

④ 우리 마을 비석 탁본하기
탁본이라고 하는 것은 금석문(비석이나 종의 글씨나 무늬)의 내용을 화선지에 옮기는 것을 말한다. 각 지역에는 충신과 효자 및 열녀들이 많아 마을마다 비석이 없는 곳이 없으며, 최근에도 여러 목적의 비석이 많이 세워지고 있다. 탁본 활동을 통하여 무심코 지나친

비석의 의미를 다시 생각하고, 선조에 대한 존경심도 키우며, 곁들여 한자 실력이나 금석문의 글씨를 견줄 수 있는 안목도 기를 수 있다.

　＊ 준비물 : 화선지, 부드러운 옷솔(또는 넓적한 스폰지), 물뿌리개(스프레이), 셀로판 테이프, 신문지, 먹물, 탈지면을 무명으로 싼 솜뭉치

　㉠ 먼저 비석의 먼지나 거미줄을 옷솔로 걷어 낸다.
　㉡ 화선지를 비석의 크기에 맞게 잘라 편 다음, 비석에 셀로판 테이프로 고정한다.
　㉢ 위에서부터 물뿌리개로 물을 뿜어 반듯하게 화선지가 비석 면에 붙도록 한다.
　㉣ 물이 살짝 마르기 시작하면 옷솔로 가볍게 글자 있는 부분을 쳐서 비석의 음각된 부분에 화선지가 들어가도록 한다.
　㉤ 솜뭉치에 먹물을 묻혀 마주 치면서 먹물이 고르게 번지게 한 다음 비석 면을 치면 음각된 부분은 하얗게 남지만, 글자 이외의 부분이 까맣게 되어 글자가 나타난다.
　㉥ 신문지 위에 놓고 사방에 돌을 놓아 바람에 날리지 않도록 한다.

⑤ 역사 문화 유적지 답사
　㉠ 3~5명으로 모둠을 구성, 답사지를 정하고 답사를 다녀와서 보고서를 작성한다.
　㉡ 답사하기 전에, 보러 갈 지역에 대해 사전 조사를 충분히 하고, 필기구와 사진기를 준비하고 복장은 단정하게 한다.
　㉢ 유적지에 도착하여 답사를 할 때는, 그곳에 있는 안내도와 안내문을 먼저 본다. 안내문을 공책에 옮기고, 문화재를 자세히 관찰하면서 그 느낌을 서로 이야기한다. 유적지에 살고 있는

사람이나 관리하는 사람을 찾아 직접 설명을 듣는다. 유적지 사무실에 들러 안내장을 받거나 매점에서 안내 책자를 사면 더욱 좋다.
ⓔ 보고서를 쓸 때 팀별로 스케치북에 조사해 온 내용을 짜임새 있게 정리한다. 맨 첫 장에는 답사지와 답사한 사람의 사진과 그 이름을 적는다. 둘째 장부터 답사한 내용을 사진과 함께 정리하고, 답사자 소감도 덧붙인다.

⑥ 민요와 전설, 이야기 수집하기

우리들의 할아버지와 할머니야말로 격동의 역사를 헤쳐 오신 역사의 산 증인이시며, 전통 문화를 고스란히 간직하고 계시는 분이다. 이분들이 살아 계실 때, 이분들이 보고 들으셨던 그 모든 것을 수집하여 정리해 두어야 한다. 우리의 전통 문화 유산을 수집하여 정리하는 것도 중요한 일이지만, 이러한 수집 활동은 할아버지와 손자 간의 따뜻한 대화의 기회도 될 것이다.

* 준비물 : 녹음기나 캠코더, 필기구

㉠ 이야기를 해 주실 만한 할아버지나 할머니를 골라 찾아뵙고 말씀을 드린다. 혼자 계실 때 찾아뵙는 것도 좋지만, 여럿이 계실 때 채록을 하면, 말씀하시는 것을 잊었을 때 옆에서 채워 줄 수 있기 때문에 좋은 점도 있다. 예의를 차리기 위해 마실 것을 준비해 가는 것도 좋다.
㉡ 주요 사항은 기록을 하면서 녹음(촬영)을 한다. 잘 알아듣지 못할 말이 있으면, 기록해 두었다가 물어 보는 게 좋다.
㉢ 녹음을 반복해 들으면서 글로 옮긴다.
ⓔ 채록된 이야기를 동화(구연동화)나 연극으로 꾸미는 것도 좋다.

2) 자원 인사 활용

인적 자원으로는 그 지역에 살고 있는 향토사가와 학생의 부모와 할아버지·할머니가 있다. 학습 현장으로 직접 모셔오기 어려울 때에는 학생들이 그분들에게 질문을 하여 경험을 들어오게 함으로써 좋은 자료를 준비할 수 있다.

지역사회 인적 자원을 활용하기 위해 초등교사는 지역사회와의 유대를 높여서 유용한 지역사회 자원을 확보해야 한다. 그러기 위해 다음의 다섯 가지 권고 사항을 귀담아 들을 필요가 있겠다. ① 본인이 알고 있는 사람을 새로운 시각으로 보기 시작해야 하고, ② 아이들의 부모, 가족, 친구, 이웃에 대한 대화를 새롭게 주목해야 하고, ③ 자신의 친구와 지역사회를 배우는 학생들에게 자신의 관심사를 이야기 하고, ④ 교실 방문이나 견학 시 학생들이 사려 깊은 질문을 하고 정중한 행동을 하도록 미리 준비시키고, ⑤ 교실 방문이나 현장 답사를 묘사한 아이들의 창의적인 편지나 삽화를 존중해 주어야 한다.

자원 인사는 교실에서 학생들과 함께 그들의 경험과 지식을 나누는 외부 사람들이다. 이들의 활용은 현장 학습의 목적과 같으나, 아이들이 직접 현장 학습을 갈 수 없을 때 직접적인 동기 유발, 수업 활동의 기회를 제공한다. 자원 인사는 교실에서 단순한 시범을 보이거나 말로 설명을 하는 그런 존재가 아닌, 아이들의 주의와 관심을 집중시키고 능동적인 참여를 이끌어내는 역할을 해야 한다.

비록 견학을 가는 것과 같은 동기 유발은 아닐지라도, 어린이들은 자원 인사와의 접촉, 그들이 제공하는 자료와 생각에 매우 큰 관심을 깃는다. 교사는 지역사회에서 상품을 공급하거나 서비스를 제공하는 여러 직종의 사람들을 자원 인사로 활용할 수 있다. 아울러 어린이들에게 다른 문화나 다른 민족을 소개할 때, 교사는 이와 관련된 정보를 제공할 수 있거나 예를 보일 수 있는 자원 인사를 필요로 한다(결혼 이주자, 장기 국외 체류자).

특별한 직종이나 취미를 가진 자원 인사(남자 간호사나 여자 목수)는 기존의 고정 관념을 깨는 데 매우 유용하다. 이런 자원 인사의 선정은 매우 주의를 요하는 일이지만, 가장 안전한 방법은 학부모나 주변 교원들로부터 추천을 받는 것이다. 이 같은 방법으로 교사는 어린이들에게 적절한 것을 알려주고 동기를 유발시켜 주는 자원 인사를 선정할 수 있을 것이다. 그리고 자원 인사가 유의해야 할 사항이나 아동들이 알기 원하는 사항을 다음과 같이 목록화하여 교사가 자원 인사에게 미리 보내 준다면 더욱 효과적인 수업이 될 수 있을 것이다.

① 아이 수준에 맞게 생각하세요.
선생님께서 어린이들에게 이야기하고 있다는 것을 기억하고, 특히 단어 사용에 주의해 주세요. 그리고 어린이의 주의 집중 수준에 맞게끔 이야기를 조절해 주시기 바랍니다. 3학년 이상은 40분 정도가 좋습니다.

② 아이들의 관심을 이끌어 낼 수 있는 무언가를 준비해 주셨으면 합니다.
선생님의 실제 생활과 일에 관련된 실물이나 만질 수 있는 물건을 가져오신다면, 어린이들이 선생님의 삶과 직업을 더 잘 이해할 수 있게 될 것입니다. 예를 들면, 얼마 전에 저희가 교실로 초청했던 건설 현장 근로자는 안전모, 작은 연장들 그리고 도시락 등을 가져와서 보여주셨습니다.

③ 많이 움직여 주시면 좋겠습니다.

말씀을 하시면서 교실의 이곳저곳을 돌아다니신다면, 어린이들은 자기들이 개인적으로 선생님과 연결되어 있다고 생각하게 될 겁니다. 가끔 어린이들에게 질문을 던지시는 것도 도움이 됩니다.

④ 개인적인 이야기를 들려 주세요.

선생님께서 지금 하고 계시는 일을 선택하게 만든 어린 시절의 경험이 있었는지 말씀해 주세요.

⑤ 어린이들이 질문할 수 있는 시간을 주세요.

어린이들이 질문을 하면 그것을 모든 어린이들이 다 들을 수 있게 다시 한번 말씀해 주시면 좋겠습니다.

⑥ 가능하다면, 어린이들에게 추억이 될 만한 것을 남겨 주시면 좋겠습니다.

어린이들에게 남겨 줄 만한 작은 무언가를 가져오셔도 됩니다. 작은 기념품을 가져오실 수 없다면, 무언가를 만드셔도 좋습니다.

3) 향토자료관 방문

지역사 학습자료는 현장체험학습 도처에 존재한다. 현장체험학습은 학년의 단계에 따라 공간 및 시간의 범위를 고려하여 계획하고, 지역의 사회적 현상에서 학생들의 생활과 깊은 관계를 가진 내용을 지역화하여 다양한 경험의 기회를 제공하고자 한 것이다. 이는 학습과 관련된 다양한 정보를 수집하여 학습의 효과를 올릴 수 있고, 학생들의 역사적 상상을 돕는 데 효과적이며 학습과 실생활과의 관련성을 느끼며 생활 주변의 문제에 대하여 관심을 갖게 한다. 학교에서 실시하는 체험 활동 외에 지역 관공서 등에서 실시하는 위탁 체험 활동도 있다. 학교에서 실시하는 지역사 체험 활동으로 향토 자료관 방문을 추천할 수 있다.

과학 기술이 발달한 현재는, 물질적인 풍요로움뿐만 아니라 정신적인 풍요로움을 갈망하는 시대가 되었다. 정신적인 풍요로움에 대한 갈망의 표현으로, 자기가 살고 있는 지역을 마음의 고향으로 인식하기 위하여 지역의 역사를 배우고 지역에 산재해 있는 문화 유산을 이해하고자 하는 활동이 활발하게 진행되고 있다. 이로 인해 향토사(鄕土史) 혹은 지방사(地方史)라고 불리는 지역사 연구가 널리 행해지고, 강연회나 문화 유적 답사가 활발하게 행해지고, 각종 출판물도 많이 출판되고 있다.

이러한 움직임에 힘입어, 각지에 향토관(鄕土館), 향토자료관, 향토박물관 등으로 불리는 시설이 지방자치단체에 의해 건립되어 있다.[10] 그리고 시·군마다 설립되어 있는 문화원(文化院)도 향토관 기능을 어느 정도 겸하고 있는 실정이다. 또한 민간단체나 기업체에서 그 지역의 특성에 맞는 박물관이나 자료관을 설립하고 있는데, 이 또한 전문 박물관이면서 향토관의 역할을 띠고 있다.

학교 교육에서 이러한 시설을 적극적으로 활용해서 지역의 역사에 대한 흥미와 관심을 갖게 하고, 재미있고 즐거운 역사학습을 진행하도록 하는 것이 필요하다고 생각한다. 역사수업의 단점 가운데 하나가 수업에서 다루는 것을 실물로 접하기 어렵다는 점인데, 향토관은 이러

---

10) 광주광역시 북구청에서 운영하는 남도향토음식박물관, 전라북도 정읍시 칠보면에서 운영하는 태산선비문화사료관, 전라남도 장흥 방촌에 있는 방촌유물전시장, 그리고 청주 고인쇄박물관, 전주 한솔종이박물관, 목포 향토문화관, 나주 배박물관, 영암 왕인박사유적지 등이 있다.

한 단점을 보완해 주는 데에 적격이다. 특히 학교 수업의 일환으로 뿐만 아니라, 교양 교육과 여가 선양의 예비 교육으로도 의미가 있다.

향토관의 내용이나 성격은 각 시설에 따라 약간의 차이는 있지만, 향토의 역사나 민속에 관한 전시실과 각종 자료를 갖춘 학습실이 구비되어 있는 것은 공통이라고 생각한다. 또한 여러 차례의 특별전이 열리고 있고, 지역의 특색 있는 생산 활동이나 민속 문화 등의 체험 코너도 갖추어져 있다. 무엇보다 그 분야에 정통한 전문가가 종사하고 있다. 일반적으로 박물관은 ① 유물의 수집 및 보전, ② 연구 및 조사, ③ 전시, ④ 교육 등의 기능을 수행하는데, 향토관도 이와 별반 차이가 없다. 다만, 향토관은 국공립박물관에 비해서 규모가 작은 편이고, 방대한 자료가 전시된 것도 아니다. 따라서 향토관은 일반 박물관보다 초등학생들에게 더 친숙한 곳이 된다.

향토관의 각종 자료는 다양하게 이용될 수 있다. 견학 활동을 받아들이는 방법에 따라 전체 학습의 현장이나 개인 활동의 현장으로 활용할 수 있다. 또한 학습실의 자료는 개인의 과제 추구 시 도움이 된다. 향토관의 직원에게 인터뷰하거나 구체적인 자료를 제공받아 오게 하는 것도 가능하다. 게다가 향토관에서의 체험 활동은 사실의 이해를 촉진하는 데에 효과적이다. 향토관에서는 이러한 여러 가지 학습이 가능하기 때문에 적극적으로 활용해 보는 것이 필요하다.

향토관은 언제 방문해도 친절하게 맞이해 주고, 각종 자료도 전시하고 있다. 귀찮아하지 않고 가벼운 자세로 갈 수 있는 습관을 어린이들 몸에 붙게 하는 것이 필요하다. 그를 위해서는 학교에서 학습할 때에 "향토관은 이러한 때에 활용한다", "향토관에 가면 이러한 것을 안다", "향토관을 이용할 때에 이러한 것을 하면 좋다" 등을 잘 이해시켜 두는 것이 필요하다.

또한 향토관의 전시 안내를 어린이들에게 알게 한다거나, 학습 도중에 향토관의 활용을 촉구하는 조언을 한다거나 하는 것도 효과적이다. 학교수업에서 일제히 활용할 때에 다음과 같은 것도 배려할 필요가 있다.

① 어떤 목적으로 시행할 것인가를 어린이들에게 잘 이해시켜 과제의식을 갖게 해야 한다.
② 향토관 이용 시 주의 사항을 잘 알게 해두어야 한다.
③ 사전에 언제 어떤 목적으로 방문할까와 필요한 연락처를 취해 두어야 한다.
④ 주요한 질문 사항은 사전에 정리해 두고, 대표자가 질문할 수 있도록 해서 시간 단축을 도모해야 한다.
⑤ 방문이 끝나면 감사의 편지 등을 보내야 한다. 이때 학생들의 작품을 함께 보내면 좋을 것이다.

4) 문화행사 참여

고장의 전통 문화 행사, 특산물 홍보 행사를 조사하게 하여 문화행사의 내용을 파악하게 하며, 그 과정에서 고장 사람들이 전통 문화 축제의 전승을 위해 어떠한 노력을 하는지를 어린 학생들에게 알게 하는 것은 의미 있는 일이다. 또 고장의 문화 행사에 직접 참여함으로써, 고장의 한 사람으로서 애향심과 고장의 전통 문화에 대한 이해심을 높이는 것도 중요한 일이다.

어린이들은 어떤 일을 직접 해 봄으로써, 기능과 가치관을 동시에 습득하게 되고 어떤 현상에 대한 이해를 높일 수 있다. 이런 점에서, 고장의 전통 문화 행사에 직접 참여하여 체험하게 되면 고장의 전통 문화에 대한 이해를 한층 더 높일 수 있다.

이를 위해서는, 행사의 기간, 장소, 내용에 대한 사전 조사가 필요하다. 전통 문화 행사는 지역 축제와 민속 행사로 나눌 수 있다. 지역 축제로는 광주시 북구의 '자미 축제', 전라남도 담양의 '죽향 축제', 완도의 '장보고 축제', 진도의 '영등 축제', 영광의 '법성포 단오제' 등등이 있다. 그리고 민속 행사로는 정월 대보름 '달집 태우기'가 가장 대표적일 것이다.

이러한 행사에 직접 참여한 내용을 어린이가 창의적으로 작성하여 발표하거나 제출하도록 유도해야 한다. 분단별로 협동 학습을 통해 작성하는 것도 좋지만, 개인별로 작성하게 하고, 고장의 전통 문화 행사를 조사하고 느낀 점을 구체적으로 진술하게 한다. 이를 위해 학습지 양식으로 다음을 제시하고자 한다.

〈전통 문화 행사 학습지〉

일시	
장소	
본 것	
들은 것	
직접 참여한 것	
배운 것	
느낀 점	
해 보고 싶은 것	

전통 문화 행사	
이름	
같이 공부한 친구	
공부한 방법	
행사 이름	
하는 곳	
행사 기간	
행사 유래	
행사 내용	
느낀 점	

12장 생활사 학습

1. 생활사 학습의 개념과 배경

1) 생활사 학습의 개념

　최근 많은 교사들이 '보통 사람들'의 삶의 역사, 즉 생활사(生活史) 속에서 흥미진진한 교육의 가능성을 발견해가고 있다. 역사 속에서 '보통 사람들'이 경험했던 일상의 도전(의욕), 기쁨, 실망, 그리고 매일매일 삶의 일과가 어떠했는지를 탐구하는 것이 생활사 학습이다. 학생들은 생활사 학습을 통해 그들과 같은 수많은 '보통 사람들'이 어떻게 삶을 유지했는지를 배우면서 자신감도 가지게 되고 그러면서 점점 역사 속으로 빠져들게 된다.
　생활사 학습에서는 여가 활동에 종사하는 일, 그들의 가족이 늘어나는 일, 중요한 휴일을 축하하는 일, 범죄자들을 처벌하는 일, 그들의 아이들을 교육하는 일, 그리고 사랑하는 사람들의 출생·결혼·사망과 같은 인생에서의 중요한 전환점(사건)들을 관찰한다. 생활사에서는 '보통 사람들'의 일상생활이 학습의 초점이 된다.

생활사 접근은 현재의 생활 문화나 문명이 변화되어 온 모습을 알아보는 데 주목적이 있다. 변천은 초등학교 역사학습에서 가장 광범위하게 접근할 수 있는 개념이다. 한 가지 소재를 가지고, 그것이 오늘날의 모습이 되기까지 그 기원은 무엇이며, 어떠한 영향으로 변화하고 진보되어 왔는가를 조사하는 학습방법이다.

생활사 접근의 소재가 될 수 있는 것으로는 조명 기구, 수송 방법, 가옥 구조 등과 같은 구체적인 것과 관혼 상제, 민속 놀이와 같이 전통적으로 전해오는 추상적인 것 모두가 적합하다.

예를 들어, 인간의 거주지를 중심으로 수업을 구성한다면, 인류가 정착 생활을 시작하였을 당시의 거주지인 동굴이나 움집과 같은 형태에서 출발하여 지금의 고층 아파트나 오피스텔에 이르기까지의 변화과정을 생각해 볼 수 있다. '가옥의 형태를 발전시켜 나가는 기술의 발전과 혁신과정, 이에 따라 변화되어 온 집 짓는 재료의 변화 모습과 이러한 발전의 원동력이 된 것이 무엇이었으며, 이 속에서 인간의 삶은 어떠하였을까?' 등이 가옥을 소재로 한 생활사 탐구의 주요 내용이 될 수 있을 것이다.

생활사 탐구에는 흔히 역연대기적 접근(retrogressive approach : 현재에서 과거로 거슬러 올라가면서 내용을 서술하는 방법) 또는 소급 학습방법이 적용되고 있다. 흥미있는 조사탐구의 출발은 우리에게 익숙한 오늘의 사물에서 비롯되며, 그 기원과 변화를 파악하기 위해 학생의 관심과 탐구를 과거로 거슬러 올라가게 하는 방법이다.

생활사 학습을 위해서 교사는 참고 문헌 및 자료를 세심하게 준비하는 것이 필요하다. 학습자들은 인간 생활의 여러 가지 변화는 점진적으로 이루어지는 것이며, 국가 간의 사회적·경제적·정치적 교류로 인하여 서로 영향을 주고받으며 발전적으로 변화한다는 점을 알아야 한다. 생활사 접근에서는 그 소재가 학습자의 실생활과 밀접한 관련을 가진 것이므로 쉽고 친숙하게 이해를 도모할 수 있다. 그러나 여기에서 한 가지 유의할 것은 현재의 기준으로 과거를 평가하는 일이 없도록 하여야 한다는 점이다. '과거의 사람들은 어리석었다', '과거의 사람들은 참 불편하게 살았다'라는 생각을 가지게 하는 것이 아니라, 과거 우리 조상들이 그들 스스로 최선의 것을 선택하고 만들었으며, 그 당시에는 가장 편리한 방법으로 살아 왔다는 것을 인식하게 하는 것이 필요하다.

2) 생활사 학습의 배경

『사회과 교육과정』에 따르면, 초등학교 사회과의 성격에 대하여 "학생들이 주변의 사회적 사실과 현상에 대하여 관심과 흥미를 가지며, 생활과 관련된 기본적인 지식과 능력을 습득하고, 창의적인 자세로 일상생활에 적응할 수 있도록 한다"고 밝혔다. 초등 사회과에서는 먼저 일상생활의 경험을 토대로 주위의 현상에 익숙하게 하고, 새로운 의문점을 가지고 기초적인 개념을 이해하도록 하며, 나아가 당면한 문제 상황을 바르게 판단하고, 지혜롭게 해결해 가는 능력과 습관 및 태도를 익히도록 한다는 것을 알 수 있다.

이에 따라, 초등 사회과의 역사 영역을 들여다보면, 생활사와 관련된 내용이 일일이 예를 들기가 번거로울 정도로 많이 수록되어 있다. 그러면 생활사를 초등 역사 영역에 도입한 배경은 어디에 있을까? ① 아동들의 역사의식에 대한 발달 단계를 고려한 측면에 있다. 초등학생들의 역사에 대한 관심이 신변적인 것에 머물러 있다는 점이 고려된 것이다. ② 역사학습의 경직화와 무미 건조한 수업에서 탈피하려는 것에 있다. 그를 위하여 정치사와 비일상의 사건사 중심에서 사회사와 일상생활사적인 중심으로 이동이 시도되었던 것이다. ③ 1960~1970년대 미국 사회과의 동향과 그 영향을 지적할 수 있다. 즉, 그때에 나타난 문화인류학적 시각의 부상과 인간 중심의 사회과에 반영된 생활 중시 시각의 영향이 있었던 것이다. ④ 우리나라의 문화에 대한 재인식과 재평가 동향에 있다. 여기에는 스포츠 외교와 경제 성장에 따른 우리 문화에 대한 자긍심이 깔려 있다. ⑤ 역사학 연구에 관련된 문제로, 문화 인류학이나 민속학 등의 인접 제학문에 대한 접근이나 양자의 공동 연구 등이 행해졌던 것에 있다. 한국사학에 있어서도, 지금까지 성과를 낸 사회사·지역사·비교사 등의 새로운 연구가 이어지고 있는 것은 주지의 사실이다.

민속학자에 의한 정의가 명확하게 내려져 있지는 않지만, 생활사는 우리나라의 유형·무형의 민속문화를 대상으로 한다. 그러나 생활사를 역사학습으로 받아들일 경우에는, 평민(平民)이 만들어 낸 일상 습속 또는 전승 문화를 대상으로 생각하면 좋을 것이다. 구체적으로는 일상의 의식주, 관혼상제, 연중행사, 사회적 관행 등 일상적인 생활문화의 총체를 대상으로 생각한다는 것이다.

2. 민속자료 활용하기[11]

1) 멋스러운 등잔

생활문화의 사료 가운데 밤에 사용하는 '등'이 있다. 등기(燈器)는 불

---

11) 민속자료 활용하기는 3학년 2학기 제1단원 「고장 생활의 변화」의 제1주제 '생활 도구의 변화'와 제2주제 '교통·통신의 변화'에, 그리고 5학년 2학기 제

을 붙여 어두운 곳을 밝게 하는 기구이다. 등기는 사용된 형태나 용도에 따라 여러 가지 명칭으로 불리고 있으나, 일반적으로 기름을 담아서 불을 켜는 등잔(燈盞), 등잔을 얹어서 사용하는 등경(燈檠)과 등가(燈架), 초를 꽂는 촛대, 걸어 놓은 괘등(掛燈)과 현등(懸燈), 실내 바닥에 놓는 좌등(坐燈), 길을 걸을 때 사용하는 행등(行燈) 등으로 크게 나뉜다.

이 중에서 행등의 일종인 청사초롱은 조선 후기부터 민간 혼례식에 등장했다. 신랑이 말을 타고 신부 집으로 떠날 때와 신부가 가마 타고 시집을 올 때에 청사초롱이 길을 안내했다. 청사초롱에 불을 밝힘으로써 신랑과 각시의 새 인생이 출발하게 된다. 청사초롱은 홍사 바탕에 청사로 단을 만드는데, 홍색은 양의 기운을 뜻하고 청색은 음을 상징하니 홍색과 청색은 우주 만물의 시작인 음양 화합을 기원하는 뜻이 담겨 있다.

이와는 달리 민간에서 가장 널리 사용한 것은 등잔이다. 등잔은 사용된 재료에 따라 토기, 자기, 사기, 유기, 종지형, 호형, 탕지형 등이 있다. '한국 등잔 박물관'(경기도 용인시 모현면 능원리)에서는 삼국 시대부터 조선 시대에 이르기까지 우리 조상들이 사용했던 여러 종류의 등잔을 전시하고 있다. 토기로 된 삼국 시대의 등잔을 비롯하여 고려 시대의 청자로 만든 등잔, 조선 시대의 백자로 만든 등잔도 있다.

등잔은 전기가 보급되기 전까지 어둠을 밝혀 주는 매우 중요한 조명 기구였다. 조상들은 등잔불을 밝히고 농기구를 손질하거나 책을

3단원 「우리 겨레의 생활 문화」의 제1주제 '생활 도구와 과학 기술'에 적용할 수 있다. 여기에서는 5학년 2학기 제3단원 「우리 겨레의 생활 문화」의 제1주제 '생활 도구와 과학 기술'의 제1제재 '의식주 생활 도구와 조상의 슬기' 속에 들어 있는 등잔에 대해 살펴본다. 3학년의 경우, 옛날의 맷돌이나 빨래판을 살펴보면 좋을 것이다.

읽었고, 바느질도 하였다. 이처럼 등잔은 쓰임새는 같지만 저마다 독특한 모양과 구조로 되어 있다.

2) 조선 등잔 공부

삼국시대나 고려시대에 비해 조선시대에 등불은 상당한 수준으로 발달했던 것으로 여겨진다. 그래서 교사는 삼국·고려 시대의 등잔을 먼저 공부한 후 조선 시대 등잔을 공부하기 위해 많은 학습자료(사진, 영상)를 보여준다. 어린이들은 이전에 학습한 삼국·고려 시대의 등잔을 토대로 해서 조선 시대 등잔의 모양과 연료 및 심지 등을 열심히 생각한다. 집에 있는 '촉대(燭臺)'를 생각해 내거나 TV의 사극을 생각해 내고 있는 어린이도 있다.

"초가 다 탔다고 생각합니다."
"가지고 다닐 수 있도록 되어 있습니다. 할아버지께서 조선 시대에 사용한 것이라고 말하였습니다."
"텔레비의 사극에서 초롱불을 든 사람이 나왔네요."
"화톳불 같은 것이 텔레비에 나왔던 것 같습니다."
"방 한 가운데 스탠드 같은 것이 있었다."
"이것은 청사초롱이라고 합니다."

매우 활발한 논의가 진행되어 교실은 와글와글 왁자지껄해진다. 그래서 교사는 조선 시대의 등잔에 사용되었던 직경 7cm 정도의 등유(燈油)가 들어 있는 접시를 제시하며 "이 속에 무엇이 들어있을까요"라고 질문한다. 그랬더니 학생들의 답변이 다양하게 쏟아진다.

"삼국 시대와 같은 어유(魚油)구나."

"콩기름이나 호마유(胡麻油) 등이 사용된 것 같지 않은가요?"
"석유가 사용되기 시작했다고 책에 적혀 있습니다."
"신분에 따라 달랐다고 생각합니다. 양반은 석유를 사용했을 것 같지만, 가난한 농민들은 어유를 사용했다고 생각됩니다."

교사는 다음과 같은 내용을 보충 설명한다. "조선 시대에는 채종(菜種)이나 동백나무 등에서 추출한 식물성 기름이 사용되었던 것 같지만, 식물성 등유는 가격이 비싸서 널리 보급되지 않았던 같다. 바닷가 사람들은 어유를 많이 사용했다. 또한 등유의 심지는 아주 옛날에는 이끼를 건조시킨 것을 사용하다가, 삼국 시대에는 마(삼) 심지를, 조선 시대에는 목면 심지가 사용되었다." 교사의 보충설명을 들은 학생들은 자신의 생각에 무엇이 잘못되어 있는지를 알아차리기 시작한다.

13장 인물사 학습

1. 인물사 학습의 개념

　인물사 학습은 역사 속에 묻혀 있는 수많은 인물 가운데 의의가 있는 인물을 선정하여 그 인물의 생애와 시대적 배경을 파악하여 역사 발전에 어떻게 공헌하였는가를 인식시키고자 하는 것이다. 인물은 역사 속의 위인일 수도 있고 일반 시민일 수도 있다. 다만, 인물학습에서는 한 개인과 당시의 정치적 결정과의 관계, 경제 구조와의 관계, 문화의 생성 발달 등과 관련시켜 그 인물의 본질을 이해하도록 하고, 그 인물이 살아가던 시대의 배경을 파악할 수 있게 하는 데 주안점을 두어야 한다.
　인물사 학습에서는 인물을 통한 시대적 상황의 이해뿐만 아니라, 인물 그 자체에 대한 공감적 이해 또한 중시해야 한다. 공감이란 다른 사람의 감정 또는 마음 속으로 들어가는 힘으로 정의할 수 있다. 즉, 학습자가 역사 속의 인물이 되어 그 시대 상황에서 직접 의사 결정을 해 보고, 살아가는 것을 재현해 봄으로써 과거의 인물에 대한 독자적인 가치를 인정하도록 하는 것이다.

방법적인 면에서 인물사 학습에서는 그 인물이 남긴 미술품, 공예품을 이용하는 것이 효과적이다. 그 외에도 역사 지도, 연표, 초상화, 사진 등의 시각적인 자료를 제공함으로써 인물에 대한 이미지를 구체화시키는 것이 필요하다. 교사는 인물사 학습에 있어 주관적인 가치관이나 편견에 의해 특정한 인물을 선정하거나 어느 특정 영역이나 시대의 인물에 국한시켜서는 안 될 것이다. 특히 학습자가 이를 수용할 능력이 있다면, 과거의 인물에 대한 현재의 다양한 인물 평가를 객관적으로 소개해 주어도 좋을 것이다.

인물에 대한 접근은 학습자들이 역사학습에 흥미와 관심, 친근감을 가지게 하여 주체적이고 의욕적인 학습이 가능하도록 한다. 또 인물이 활동한 당시의 시대적·사회적 배경을 파악하는 과정을 통해 역사적 사고력과 비판적 사고력 등을 기를 수 있다. 뿐만 아니라 학습자들이 지니는 편협한 인물관과 이미지를 바로잡고 인격 형성과 올바른 가치관을 확보하는 데에도 기여할 수 있다.

2. 인물사 학습방법

1) 인물 선정

인물학습은 인간의 활동을 중심으로 한 역사 이해라는 측면에서 중요한 의미를 지닌다. 인물학습은 학습자로 하여금 역사 현장에 친근감 있게 접할 수 있게 할 뿐만 아니라, 역사의 내면적 이해를 가능하게 하며, 보다 넓은 안목에서 인간을 보는 능력을 길러 주는 데도 기여한다.

　인물학습을 위한 인물의 선정 기준은 ① 정치적 지도자, ② 국난극복에 공을 세운 인물, ③ 문화 부분에서 민족의 슬기를 보인 인물, ④ 학문발달에 기여한 인물, ⑤ 과학기술이나 경제를 발전시켜 민족의 생활을 향상시키는 인물 등이다. 교사는 학생들이 가능한한 다양한 인물과 접촉하도록 해 주어야 한다.

　인물학습은 그 인물이 살던 시대의 특징을 그 사람의 생애와 활동의 관계 속에서 파악하도록 유도하여야 한다. 그런 점에서 인물학습의 과정은 두 가지로 나누어 볼 수 있다. 평상시에 실시되는 학습과정에 특정 인물을 삽입시켜 지도하는 경우가 있고, 교재 내용에 따른 인물을 선정하고 인물 단원을 설정하여 체계적으로 지도하는 경우도 있다. 인물학습 적용 분야의 예를 제시하면 다음과 같다.

○ 우리 시·도의 역사적 인물
- 관련 : 4학년 (3) 옛 도읍지와 문화재 ㈎ 옛 도읍지를 통해 본 나라들, 6학년 (1) 우리 겨레, 우리 나라 (2) 새로운 사회, 문화로 가는 길

○ 동의보감을 쓴 허준
- 관련 : 6학년 (2) 새로운 사회, 문화로 가는 길 ㈎ 국가의 부강과 국민의 복지를 위해 노력한 조상들

○ 원효와 우리 나라의 불교
- 관련 : 5학년 (4) 우리 겨레의 생활 문화 ㈏ 마을 제사와 종교 생활

○ 김정희와 김홍도
- 관련 : 6학년 (2) 새로운 사회, 문화로 가는 길 ㈎ 국가의 부강

과 국민의 복지를 위해 노력한 조상들
- ○ 훌륭한 지도자들 : 단군, 김유신, 최승로, 세종대왕과 황희
- • 관련 : 6학년 (1) 우리 겨레, 우리 나라 ㈎ 나라를 일으킨 조상들
- ○ 담징과 왕인
- • 관련 : 6학년 (1) 우리 겨레, 우리 나라 ㈏ 문화를 빛내고 외침을 물리친 조상들
- ○ 실학자 박지원
- • 관련 : 6학년 (2) 새로운 사회, 문화로 가는 길 ㈎ 국가의 부강과 국민의 복지를 위해 노력한 조상들
- ○ 신사임당
- • 관련 : 6학년 (1) 우리 겨레, 우리 나라 ㈏ 문화를 빛내고 외침을 물리친 조상들
- ○ 유관순(3·1운동)
- • 관련 : 6학년 (2) 새로운 사회, 문화로 가는 길 ㈏ 자주와 독립을 위해 싸운 조상들

2) 전개과정

인물학습의 전개과정을 박지원의 실학운동을 중심으로 예시하면 다음과 같다.

■ 도입 단계

교사는 교재 내용과 관련된 인물을 선정하고 전기, 초상화, 보도 사료 및 학생들의 사진 지식을 활용하여 인물학습을 유도하고 학습문제를 결정한다.

○ 박지원을 소개하는 개략적 자료 및 초상화를 제시하고, 어느 시대에 어떤 일을 한 사람인가를 이야기한다.
○ 박지원에 대한 소개 글을 통해 조선 시대의 새로운 학문 활동으로서 어떤 운동이 일어났는지 확인한다.
○ 학습 문제 : 실학운동은 어떻게 전개되었으며, 우리 민족의 생활에 어떤 영향을 주었는가?
○ 학습 방법 : 실학자 박지원과 그 밖의 실학자들의 활동을 알아보도록 한다.

■ 전개과정

문제 해결을 위하여 도서관, 서점, 가정 등에 있는 관련 인물의 전기, 보도 기사, 인명 사전, 초상화, 사진, 기타 자료를 수집한다.

위에 제시된 내용을 중심으로 조사 내용을 확인하고 분단별로 분담하여 조사한다.

○ 박지원의 생애와 업적
○ 박지원의 실학운동
○ 그 밖의 실학자들과 그들의 업적
○ 실학운동의 의의와 영향

■ 정리 단계

조사한 내용을 검토·확인·분석하여 정리하고, 정리된 내용을 반 전체의 학습에서 발표한다. 학생들은 상호 질문과 답변을 통해 의문점을 좀 더 명확하게 하고, 인물과 관련된 최초의 문제 제기에 대한 해답을 이끌어 낸다.

3) 인물 카드 만들기

인물학습을 전개하는 방법 가운데 하나로 '인물 카드' 만들기가 유익하다. 이를 위해 을사조약의 체결을 전후하여 목숨을 던진 애국지사를 중심으로 인물 사전을 만들어 보게 한다. 이 활동은 자신의 목숨을 던져서까지 나라를 사랑한 선조들의 자주독립 정신을 학생들로 하여금 생각하게 하는 데에 유익하다.

〈활동과정〉
가) 자신이 만들 인물 사전의 주인공을 선택하여 사진과 선택된 인물의 항거에 어울리는 제목을 붙인다.
나) 선택된 인물의 항거에 어울리는 제목을 붙인다.
　　예) - 죽음을 택한 외교관 이한응
　　　　- 을사조약 후 최초로 순국한 홍만식
　　　　- 피를 토하는 유서를 남긴 민영환
　　　　- 을사조약 무효를 선언하고 죽은 조병세
다) 인물의 사진을 붙인다. 사진을 구하지 못한 경우에는 학생 자신이 상상한 모습을 그림으로 그려 넣어도 된다.
라) 수집된 항거 내용과 전해지는 이야기 자료를 정리한다.
마) 분단별로 교실 코너에 게시한다.
바) 일정 기간이 지나면 한데 묶어 책자로 만들어 학급 도서함에 꽂아 두고 자료로 사용한다.

〈유의 사항〉
꾸미는 활동에 시간이 너무 많이 소비되지 않도록 용지는 A4의 1/2 크기를 사용한다. 인물 카드를 만드는 일회성 활동에 그치지 않도록 교실 한쪽에 '역사 위인을 생각하는 자리'를 만들어 게시하고, 다른 학생들이 조사하여 제작한 인물 카드도 읽어 볼 수 있도록 한다. 일정 기간이 지나면 모아서 한 권의 책으로 묶어 두면 인물 사전이 된다. 이때, 의병장 인물 카드 등 주제를 달리하여 만든 후 1년 동안 묶어 두면 내용이 다른 여러 권의 인물 사전이 만들어져 학습 자료로도 사용할 수 있다.

14장 제작을 통한 역사학습

1. 제작학습

1) 제작학습의 개념

초등학생들이 역사수업에 관심을 갖고 능동적으로 참여하게 하려면 어떻게 해야 할까? 좋은 교과서가 등장해도, 훌륭한 교수법이 동원되고, 첨단 기자재가 제공되어도 그것이 궁극적으로 교사 중심의 활동으로 귀결되면 큰 의미가 없다. 실제 '학습자 중심의 교육'이라는 말이 교육과정에서 계속 강조되고 있지만 실제로는 공급자 중심, 생산자 중심으로 교육이 이루어져왔다.

역사학습이란 학생이 역사를 암기하는 것이 아니라 스스로 이해하는 것이다. 문헌이나 책에 서술되어 있는 역사 지식을 그대로 받아들이는 정도에 그쳐서는 안 되고, 자료를 해독하고 그것을 상상적으로 재구성하여 역사적 행위를 계승·발전시켜야 한다는 것이다. 따라서 역사수업에서 교사는 학생들이 역사를 스스로 이해할 수 있도록 도와주어야 하고, 그렇게 되기 위해서는 수용자, 소비자 중심으로 역사수업이 진행되어야 한다.

이제 역사수업도 교사와 학생이 함께하는 수업, 인간 삶의 체취를 느낄 수 있는 수업이 진행되어야겠다. 이런 점에서 요즘 관심을 끌고 있는 역할놀이, 시뮬레이션, 게임, 글쓰기 학습 등은 주목되고, 제작학습 또한 높이 추천할 만하다.

제작학습이란 작업학습 또는 노작학습의 일환으로 두뇌와 손발을 써서 작품을 만드는 것을 말한다(창작학습이나 협동학습과는 다르다). 따라서 보고 듣는 것을 위주로 하는 역사학습이 안고 있는 근본적 한계를 극복하기 위해 신체활동을 동원하는 작업학습을 접목할 필요가 있다.

역사수업에서 제작학습을 행할 경우 학습의 단조로움을 탈피할 수 있고 역사적 흥미나 태도가 육성되며 학습을 자기 주도적으로 이끌 수 있다. 또 학생들의 역사적 사고력, 상상력, 지적 기능 등을 증진시켜 문제 해결 능력을 종합적으로 신장시킬 뿐만 아니라, 역사적 사실을 생동감 있게 받아들여 역사에 대한 이해도를 심화시켜 줄 수 있을 것이다.

이 점은 역사수업에서 다루어지는 학습내용이 학생들이 직접 경험한 적이 없는 과거의 사실과 그에 대한 역사가의 해석이어서 때로는 추상적이고 때로는 애매모호하기 때문에 더욱 기대된다. 더구나 아직 역사적 사고의 경험이 부족한 초등학생들에게 있어 교과서를 통해 접하는 사실(역사가의 해석)과 교사의 설명으로 접하는 사실만으로 역사를 이해한다는 것은 거의 불가능에 가깝다고 할 수 있다. 그러므로 제작학습을 역사학습에서 새로운 학습지도 요령으로 자리 매김을 해도 전혀 손색이 없을 것이라는 생각이 든다.

『역사교육의 이해』에서는 "역사수업은 딱딱한 교과서 내용을 읽고 노트에 쓰고 설명을 듣는 것이 전부가 아니다. 역사는 다양한 추체험의 방식을 통해 이해될 수 있으며, 과거 사람들의 생각과 생활 속으로 뛰어든다는 것은 신기하고 흥미진진한 일이다. 하지만 학생들을 그러한 작업으로 이끌고 과거를 살아있는 현재로서 경험하게 하기 위해서는 교과서나 문헌자료 등의 평면적 수업자료로는 한계가 있다. 이때 필요한 것이 학생들의 흥미와 관심을 자극할 수 있는 다양한 제작학습이다"고 언급된 바 있다. 즉, 역사학습의 한계를 극복하고 학생들의 흥미와 관심을 끌기 위해 제작학습이 효과적이라는 것이다. 제작학습에 기대되는 효과를 제시하면 다음과 같다.

〈제작학습의 기대효과〉
① 초등학생에게 적합한 역사학습 방법이다.
② 역사적 사고력을 기르는 데 효과적이다.
③ 시각자료를 활용함으로써 학생들의 동기유발에 효과적이다.
④ 활동중심의 학습방법으로 현행 교육과정의 구현에 적합하다.
⑤ 학습과정이 곧 학습결과이므로 평가에 효과적이다.
⑥ 미술, 실과 수업과 연계가 가능하여 시간적 부담을 해소할 수 있다.

2) 제작학습의 유형

역사수업에서 활용할 수 있는 제작학습의 유형으로는 다음과 같은 것을 들 수 있다.
① 모형 제작 : 역사적 유물이나 생활용품 만들기(석기, 토기, 도자기)

② 그리기 : 유적·유물 스케치, 인물 그리기, 상상화(포스터) 그리기, 벽화 색칠하기
③ 스크랩북 제작하기 : 학습자 자신이 관심 있는 사건·시대·인물·주제에 대하여 자료를 수집하고 정리하여 일종의 참고 자료집 만들기
④ 연표 만들기 : 역사 연대표(단원정리 연표, 주제정리 연표, 인물 연표, 나의 연표, 우리 고장의 연표, 우리 학교의 연표, 우리 학급의 연표, 우리 가족의 연표)를 색깔, 등거리, 여러 모양 등을 고려하여 만들기
⑤ 홍보 책자 만들기 : 관광 안내도와 사건·인물·문화재의 홍보 책자 만들기
⑥ 역사 지도 그리기 : 인문지도 만들기(다양한 제작기법 활용)
⑦ 역사 만화 그리기
⑧ 역사신문 만들기 : 중요한 시대나 주제를 정하여 학생들이 스스로 당시 신문 만들기
⑨ 탁본 및 인쇄하기 : 서예가 작품이나 유물 문양 탁본, 목판이나 금속활자 인쇄하기

이러한 여러 유형 가운데 학습의 주제와 환경에 적합한 것을 선택하여 제작학습을 진행하면 된다. 이때 몇 가지 유의할 점을 고려해야 한다.
① 제작물의 주제가 분명한가?
② 제작에 필요한 선행 지식이 적절히게 제공되었는가?
③ 제작의 기술과 표현력이 탁월한가?
④ 제작과정에 임하는 태도는 적극적인가?

2. 연표학습

1) 연표의 개념

역사학습의 보조자료 가운데 주목할 만한 것으로 연표가 있다. 연표는 지도와 함께 역사학습의 가장 기본적인 학습자료이다. 연표란 역사적 사실이나 현상을 시간의 흐름에 따라 연대순으로 나타낸 표를 말한다. 즉, 역사적 사실과 현상을 시간적으로 배열 체계화한 것으로 역사사실의 전후관계와 상호연관을 가급적 용이하게 파악할 수 있도록 고안 제작된 자료이다. 역사적 사실을 시간의 흐름에 따라 연대순으로 배열한 표가 연표인 것이다. 그러므로 연표를 이용한 학습을 행할 경우 역사의 흐름 속에서 사실의 의미와 상호 관계를 읽을 수 있는 기회를 학생들에게 제공하고, 그 결과 역사이해에 도움을 줄 수 있을 것이다. 이렇게 볼 때 역사적 사실의 전개과정을 전후 관계 및 상호 연관 속에서 용이하게 파악하고, 그를 토대로 역사상을 효과적으로 이해할 수 있도록 도와주는 학습자료가 연표인 것이다.

그러면 연표에는 무엇을 넣어야 할까? 역사학습과 관련하여 기본적인 교과 내용을 정선하여 이해하기 쉽도록 재구성하거나 심화학습 내용을 정리하여 연표에 수록할 수 있다. 가령, 고려 말 왜구의 격퇴와 관련하여 최영과 이성계의 주요 승첩(勝捷)을 연표로 제시하고, 그것의 이해를 심화시키기 위해 왜구의 침입 연표나 최영·이성계의 인물 연표를 부가하면 매우 효과적인 학습자료가 될 것이다. 그렇다고 학습내용만을 연표에 수록할 필요는 없겠다. 자아 성찰이나 애향·애교심 함양을 위한 주제를 노작 활동의 형태로 연표에 수록하도록 하는 방안이 있는데, '우리 고장의 연표', '우리 학교의 연표', '우리 학급의 연표', '우리 가족의 연표', '나의 연표', '나와 친구의 연표' 등이 있을 수 있다.
 연표 작성의 주체는 누구여야 하는가? ① 교과서 집필자와 ② 시판용 회사가 제작하는 연표가 있다. ③ 그렇지만 교육적 효과가 높은 것은 학습을 전개하는 교사가 학습자료의 일환으로 학습자의 수준과 환경에 맞춰 작성한 것이다. 이때의 연표는 학습의 도입 단계나 중간 단계 또는 정리 단계에서 활용될 수 있다. 개개 교사가 혼자 제작하기가 어려울 경우, 학교 단위 또는 지역 단위 또는 연구회 단위로 작성하면 능률을 올리고 시간을 절약할 수 있을 것이고, 그때 학생들의 의견을 수렴하거나 학생들과 함께 작성하면 더욱 좋을 것이다. ④ 학생들이 학습 과제나 수행 평가의 일환으로 또는 제작학습 과정에서 연표를 작성하는 경우도 있다. 이는 학습자료를 준비하고 학생활동을 유발시킨다는 점에 있어서 유익한 교육활동이 될 수 있다. 이 경우 교사의 사전 정보 제공과 적절한 진행 유도가 있어야 하겠고, 모둠별로 작성하도록 하면 협동의식도 배양할 수 있어 더욱 좋을 것이다.
 역사 연표에는 여러 종류가 있다. 형태상으로는 책자 연표, 접음 연표, 게시 연표, 줄자 연표, 원반형 연표, 반원반형 연표, 그림 연표 등이 있다. 그리고 내용상으로는 종합 연표, 특수 연표, 사회기능 연표, 세계사 연표, 해설 연표, 복합 연표, 주제 연표 등이 있다. 또 제작 기법상으로는 동간격 연표, 부등간격 연표, 그래프 연표, 계통도식 연표, 지도·사료 삽입 연표 등이 있다. 이렇게 볼 때에 연표에는 한 가지 사실이나 주제 또는 여러 가지 사실이나 주제를 수직적이나 수평적으로 나열하거나 지도·도표·그래프·사료 등을 활용하여 복합적으로 구조화한 것이 있음을 알 수 있다.
 역사학습은 인간의 과거에 관한 지식을 가르치고 이를 기초로 역사적 사고력과 통찰력을 신장시키며, 바람직한 역사적 가치관과 태도를 함양하도록 하기 위한 교육 활동을 말한다. 이러한 목적을 실현하는 데 있어서 역사적 사실들을 유형화하고 그 연대적 위치나 시대적 상황을 확인하는 것은 중요한 작업이 될 것이다. 이러한 목적을 달성하는 데에 있어서 연표를 통한 학습은 매우 유익한 것으로 여겨지고 있다. 연표를 포함한 자료학습(資料學習)은 수업 이해도를 높이고 자료의 해석 및 처리 능력을 향상시키며 시간·공간적인 제약을 초월하여 생생한 경험을 할 수 있게 하는 장점이 있다.

그러면 연표는 학습의 어느 단계에서 어떻게 활용되어야 효과적일까? ① 실제 수업에서 연표는 한 단원이나 주제(가령, 실학 사상의 변천), 혹은 어떤 시대(예를 들어 후삼국의 건립과 통일)에 대하여 본격적으로 학습하기 전에 개괄적인 흐름에 대한 이해를 돕거나 혹은 단원을 정리하는 데 사용할 수 있다. 어떤 '학습 주제'의 도입 단계나 정리 단계에서 활용하면 효과적이라는 것이다. ② 도입 단계나 정리 단계에서 백연표(白年表)를 작성하여 진단 평가나 형성 평가의 일환으로 투입하면 더욱 유익할 것이다. ③ 학습의 중간 단계에서 이해의 편의를 도모하거나 심화 설명을 시도할 때에도 연표는 유효하지 않을까 생각된다. ④ 한 시간 학습 전체를 연표로 진행해도 가능할 것으로 보이는데, 가령 갑신정변을 요약 설명식으로 진행하기보다는 아예 연표로 작성하여 진행하는 방안이 있을 것 같고, 제작학습의 형태로 활용해도 좋을 것이다. 다양한 연표를 작성해 놓으면 적재적소에 투입하여 학습효과를 증대시킬 수 있을 것으로 여겨진다.

2) 연표학습의 의의

연표 활용에 의한 학습 성과로 ① 역사적 사실의 연대적 위치 및 시간적 거리감의 파악, ② 역사적 사실 상호간의 관련성 파악, ③ 시대 관념의 배육과 역사의 계통적 파악, ④ 세계사와의 연관에서 민족사의 특수성 성찰, ⑤ 역사적 능력의 배양 등이 일찍이 지적되었다. 최근에는 "각 시대의 특징과 그 시대가 역사 전체 속에서 차지하는 위치와 의의를 이해할 수 있다", "연표를 읽고 해석할 수 있는 독사 능력과 연표 제작 능력을 길러 학습내용을 체계적으로 정리할 수 있다"는 점도 추가되었다. 또 연표학습의 효과에 대해, "시간에 따른 역사적 상황과 그 전개의 변화 속에서 학생들은 역사적 사실의 횡적인 연관성 및 인과 관계를 추출하는 사고력을 기를 수 있다. 특히 단편적인 역사사실에 대한 집착에서 벗어나 장기간에 걸친 역사의 흐름 속에서 사실의 의미와 관계를 읽을 수 있는 기회를 학생들에게 제공한다는 점에서 연표의 활용은 의의가 있다"고 지적된 바 있다. 풍부한 현장 경험을 지니고 있는 일선 교사들이 작성한 교육대학원 석사학위논문에서도 위에서 언급한 것과 대체로 유사한 결론을 내리고 있다. 그러므로 학습 주제에 적합한 연표자료의 활용은 학습효과를 높이고, 학생들의 역사이해와 지식 함양에 도움을 줄 수 있다 하겠다. 연표학습의 효과에 대한 이상의 내용을 종합하여 구체화하면 다음과 같다.

첫째, 교육 내용을 선정하는 문제를 해결하는 데에 실마리를 제공할 것이다. 역사교육에서 내용의 선정과 학습은 주요한 관심의 대상이 되고 있다. 역사의 핵심적인 개념과 원리가 반영된 내용을 학교급별로 선정하여 학습하는 것이야말로 역사교육의 목표에 가장 접근하는 길이라고 한다. 5친년의 유구한 역사 속에서 만들어진 사실들을 역사학습의 현장에서 어떻게 선택하여 지도하느냐는 중요한 문제임에 틀림없다. 따라서 역사 교사는 제한된 시간과 여건을 고려하여 여러 사실들 중에서 어떤 사실들을 선택하여 어떻게 지도할 것인지를 결정해야 한다. 이러한 과제의 해결에 하나의 실마리를 제공해 줄 수 있는 것이 바로 연표의 작성과 그 활용이라는 것이다. 왜냐하면 연표를 작성하는 과정에서 내용 선정과 학습지도의 문제가 고려되기 때문이다. 그러므로 연표자료의 제작은 일선현장에서 끊임없이 제기되는 "무엇을 어떻게 가르칠 것인가?"라는 질문에 자연스럽게 답변할 수 있는 길이 되는 것이다.

둘째, 연표자료와 연표학습은 역사교육의 주요 요소인 시간 개념을 이해시키는 데에 큰 공헌을 할 것이다. 역사교육에 있어서 매우 중요한 요소인 시간 개념을 학생들에게 이해시키기 위하여 우리는 연대, 세대, 세기, 시대 등에 주목하게 된다. 그러므로 우리 역사에서 일어났던 많은 일들을 시간 순으로 쉽게 확인·이해할 수 있는 방안이 필요할 수밖에 없다. 여기에 연표는 유용한 자료가 되고, 그러한 연표를 통한 학습이야말로 그 어떤 학습 형태보다 유익한 방법이 된다. 또 역사과의 실제 수업 현장에서 시간상의 제약 때문에 역사상의 모든 시기의 많은 내용을 동일한 수준에서 상세하게 취급할 수 없다. 그렇다고 해서 특정 시기와 주제만을 자의적으로 선택하여 상세하게 공부할 수도 없는 것이다. 따라서 짧은 시간 내에 역사 전체의 줄거리를 익힐 수 있는 개관의 과정이 반드시 필요할 수밖에 없는데, 바로 그러한 개관을 익히는 데에도 연표는 매우 유익한 자료가 될 수 있다는 것이다.

셋째, 역사적 사고력을 배양하는 방안을 익히게 될 것이다. 일정한 시대와 주제와 지역에 해당하는 사건들을 모아서 무리짓고 그 내면을 관통하는 공통점이나 특징을 추출하는 작업은 역사적 사고력을 증진시키는 길이 된다. 역사학자나 현장 교육자 모두 역사 지식의 축적은 말할 것도 없고, 역사적 사고력의 양성에 역사교육의 중심을 두고 있음에 틀림없다. 역사적 사고 영역 가운데 '연대기적 사고' 영역이 있음을 이미 지적하였다. 그러한 '연대기적 사고'를 함양하기 위해서는 그에 따른 학습자료나 내용이 선택되어야 하는데, 바로 여기에 부합하는 것이 연표자료의 작성과 그것을 이용한 연표학습이라 하겠다.

넷째, 연표자료와 연표학습은 난해한 역사적 사건을 일목요연하게 수준별로 정리하여 학습 흥미를 고취시키는 데에 매우 유용하게 활용될 것이다. 복잡하고 다양한 역사적 사실을 학생들의 수준과 관심도에 맞게 연표로 정리할 수 있다. 그것을 교사가 행하기도 하고, 학생들 또는 학생과 학부모로 하여금 자작하게 하는 방법도 있고, 교사와 학생 또는 교사와 학부모와 학생이 공동으로 연표를 작성해도 유익할 것이다. 그리고 그렇게 작성된 연표자료를 스피드 퀴즈, 백연표, 빈칸 채우기, 퍼즐형 등으로 학습(과제학습, 제작학습, 연표학습, 초빙학습 등)이나 평가(진단평가, 형성평가, 수행평가 등)에 활용하면 자아 성취도와 학습 흥미, 학부모 관심을 배가시킬 수 있다. 따라서 연표자료는 그 작성과정에서 다양한 교육 주체들을 학습 현장으로 끌어들일 수 있고, 학습과정에서 다양한 교수·학습 방법에 적용시킬 수 있다는 데에 그 기대효과가 큰 것이다.

3) 연표 만들기

'연표 제작 학습'을 전개하려면 우선 연표 작성의 필요성을 인식시키고 그것이 가능한 주제는 어느 것인가를 선택해야 한다. 그때에 학생들이 학습 주제를 스스로 제안하고 선택하도록 해야 할 것이다. 어차피 학생들이 제작할 것이라면 학생들의 입장을 반영하여 그들의 의욕을 담보해야 하기 때문이다.

학습 주제가 선정되면 그것의 수업을 통해서 도달해야 하는 학습 목표를 정한다. 자작 연표 제작을 통하여 중요한 역사적 사실과 그 사실 간의 연관성이나 거리감을 파악할 것인가, 아니면 주변 역사와의 상호 관련성을 이해할 것인가, 아니면 자료의 처리·독해 능력을 함양하거나 단순히 조작·제작기술을 배양할 것인가 등 학습 목표를 분명히 정해야 한다. 학습 목표에 따라 연표에 담을 내용이 달라지기 때문이다.

학습 주제와 목표가 정해지면 그에 따라 연표에 담을 내용이 정해지게 된다. 즉, 연표에 무엇을 수록할 것인가인데, '단원 정리 연표', '주제 정리 연표', '인물 연표', '나의 연표' 등이 있을 것이다. '단원 정리 연표'는 '단원 개관 연표'라고도 할 수 있는데, 그 단원에서 학습한 주요 내용을 정리하고 이를 전체적으로 파악하기 위한 것이다. 역사 교과서의 단원은 보통 그 시대의 정치·경제·사회·문화를 모두 포함하고 있기 때문에 단원 정리 연표는 역사의 모든 측면을 다루는 종합 연표의 형태를 가질 수밖에 없다. '주제 정리 연표'는 제도·군사·외교·의식·교통·통신·산업·교육·학문·사상·종교와 같은 특정 주제의 변화과정을 순서대로 정리하고 그 의미를 깨닫게 하는 데 유용하겠다. '인물 연표'는, 독재자에 대한 평가가 당대와 사후에 크게 엇갈리게 나타난 것처럼, 인물의 출생과 성장 및 죽음 그리고 그 이후에 펼쳐지는 추앙과 폄하의 과정을 살펴보는 것이다. 이때 선정 인물과 그 시대의 대표적 사안 또는 경쟁 상대였던 인물의 연표를 함께 다루면 당시의 역사적 흐름을 한눈에 들여다볼 수 있는 장점이 있다. '나의 연표'는 나 자신뿐만 아니라, 나의 가족·학교·지역·국가 등의 연표도 포함한다. 이때에 나 또는 우리 가족 등 단수 개체만을 대상으로 연표를 작성할 것이 아니라, 나와 우리 집 또는 나와 우리 학교 등과 같이 나와 또 다른 개체를 복합해서 연표를 작성하면 자아 성취뿐만 아니라 가족애나 애교심 또는 애향심을 일깨워 주는 데에 큰 효과가 있을 것이다.

연표에 수록할 내용이 선정되면 그것을 표현할 연표 종류가 고려되어야 하겠다. 이미 언급한 바와 같이 연표의 종류는 형태상, 내용상, 제작 기법상 여러 종류가 있다. 이 가운데에서 가장 적절한 것이 어느 것인가를 판단하여 선택하면 되겠다. 이때 유의해야 할 점이라면 단순하거나 단선적인 것보다는 여러 가지의 내용과 기술이 동원될 수 있는 다기능적이고 복합적이고 3차원적인 것을 권장해야 한다는 것이다.

학습 교구로는 백과 사전, 역사 사전, 참고 도서, 유인물, 복사기, OHP, 실물 화상기, 컴퓨터, 괘도 걸이, 대형자, 칼, 가위, 풀, 아스테이지, 종이, 색연필 등이 있어야 할 것이다. 학생들이 자료를 검색한 후 자작 연표를 제작하고 그것을 발표하고 수정하는 데 소요되는 일체의 준비물이 갖추어져 있어야 한다.

이제 학생들에게 주제를 배분해야 한다. 개인을 상대로 분배해도 되지만, 분단(소집단)을 상대로 분배해도 좋다. 여기서는 분단을 상대로 한 경우를 중심으로 논지를 전개하겠다. 분단을 나누고 그들이 작성할 소주제를 분배할 때에 수준별 학습을 시도하여 심화반에게는 어려운 주제를, 보충반에게는 쉬운 주제를 제시하면 되지 않을까 한다. 소집단을 만들 때에 학생들 간의 친소와 우열 관계를 고려해야 함도 놓쳐서는 안될 일이다. 분단과 분단별 소주제가 정해지면 일정한 시간을 주고, 그 시간 안에 연표 작성을 완료하도록 하고, 아울러 사회자를 선정하고 발표할 순서와 발표자도 정해야 한다.

준비가 끝나면 학생들은 연표를 작성하기 시작한다. 학생들은 먼저 교과서, 참고서, 사회과부도, 백과사전, 인테넷 등을 참조하여 부과된 주제에 대한 중요 사실을 뽑는다. 이어 개개 사실의 내용을 확실하게 파악한 후 연표에 넣을 것을 최종 선정한다. 이때에 상호 협력하여 기입할 사항을 선정하도록 하고, 사건의 중요성이나 전후 관계에 따라 분류하도록 주지시킨다. 선정된 연대를 준비된 표에 기입하고 사건의 내용과 지도·사료·사진 및 종횡적관계 등을 첨가하도록 한다. 이때 교사는 순회하며 내용선정과 작성과정에 대해 지도·조언을 하여 학생들이 학습 도중 장애요소가 없는지 살펴야 한다. 준비물이 파손되지 않도록 주의를 환기시키고, 부족한 준비물은 서로 공유할 수 있도록 당부한다.

작성이 완료되면 사회자의 주도로 소집단별로 연표를 OHP나 실물화상기 화면에 띄우고 발표하도록 한다. 미완성인 경우에도 그대로 진행시킨다. 발표 시 자기 연표의 특징과 주안점을 밝히도록 하고, 서로 상대 연표의 잘 된 점과 부족한 점을 비판하게 한다. 발표 후 상호 비교하여 보완·정리하도록 하고, 정리 후 최종 작품을 다시 한 번 순서대로 OHP나 실물화상기 화면에 띄우도록 한다. 교사는 그 때마다 장점과 단점을 언급하여 평가해 주고, 그것을 종합하여 설명함으로써 본시 학습 목표를 실현해야 한다. 발표 작품 중에서 가장 잘 된 연표를 선정하는데, 학생들로 하여금 우수작을 추천하게 하고 교사가 최종 추인하면 되겠다. 교사는 우수작의 가치가 무엇이고 비우수작의 요인은 어디에 있는지를 꼭 설명해야 할 뿐만 아니라, 우수작을 전시하거나 시상하는 것도 잊지 말아야 하겠다.

15장 체험을 통한 역사학습

1. 체험학습의 유형

　종전의 학습활동은 읽기, 듣기, 말하기, 쓰기 등의 활동이 중심이었다. 이러한 활동을 경시하는 것은 아니지만, 이는 단순히 머리만으로 배우는 데에 그친다. 몸 전체로 배우는 활동도 필요하다고 본다. 몸 전체로 배우는 학습활동을 체험적 활동이라 한다.
　역사학습에 있어서 어린이들의 몸이나 손, 발 등을 사용하는 체험적 활동을 어떻게 다양하게 적용해 볼까가 초등학교다운 역사수업을 전개하는 데에 있어서 중요한 과제이다. 여기에서 말하는 체험적 활동이란, "자기 나름대로 생각하여 시행착오를 겪으면서, 몸을 사용하고, 여러 감상을 충분히 작용시켜 시설이나 사람들 및 사회적 현상 등에 주체적으로 연결된 동적인 학습활동"이다.
　이미 체험학습, 혹은 체험적 활동이나 작업적 활동 등의 명칭으로 여러 가지 실천이 역사학습에서 행해져 왔다. 다음은 초등학교의 역사학습에서 실천되었던 체험적·작업적 활동을 나름대로 유형화해서 정리한 것이다.

① 실제로 해보는 활동(실체험 활동)
실제로 손이나 발, 몸 등을 사용하여 직접 참가하거나 행동한 활동이고, 사물이나 현상에 직접 접촉하면서 체험하는 활동이다.
- 선사 시대의 사람이 된 것처럼 생활하는 활동
- 조선 시대의 사람들의 식사를 재현하는 활동(맷돌을 돌려 옛날 사람들의 활동을 재현하는 활동)

② 진짜처럼 해보는 활동
놀이 활동, 의사(擬似) 체험, 추체험, 극화, 동작화 등을 포함하여 말한다. 모방에 의한 활동이다.
- 조선 시대 양반의 생활을 극으로 표현하는 활동
- 짚신을 신고 길을 직접 걸어보는 활동
- '제기차기' 등 민속 놀이를 해보는 활동

③ 물건을 만드는 활동(제작 활동)
입체 지도나 모형, 실물 등 '물건'을 실제로 만드는 활동이다. 물건을 만들기 위하여 준비를 하거나 만들면서 시행 착오를 겪는 것은 중요한 의미를 지닌다.
- 빗살무늬 토기를 만들고, 청동기 시대 움집을 만드는 활동

④ 살펴서 조사하는 활동(조사활동)
소위 조사활동이다. 사회적 현상을 조사하기 위해서는 견학이나

관찰 등의 활동이 동시에 행해지기도 한다. 또한 조사 활동에서는 일반적으로 조사의 결과를 정리하거나 통합하는 활동이 수반된다.
- 지역에 남아 있는 유적이나 문화재를 조사하는 활동

⑤ 실제로 견학하는 활동(견학활동)

지역의 시설을 방문하거나, 사물 등을 견학하는 활동이다. 일반적으로 사회과 견학 등으로 불린다.
- 지역의 문화재를 방문하는 활동
- 박물관이나 향토 자료관 등을 견학하는 활동

⑥ 관찰하는 활동

사회적 현상이나 필드의 모양을 곰곰히 바라보거나 관찰하는 활동이다. 아무것도 없이 보는 것은 아니고, 미리 시점이나 관점을 정해서 의도적으로 관찰하는 특징이 있다.
- 지역에 있는 고인돌이나 석탑의 모양을 관찰하는 활동
- 성곽의 구조나 고건축의 모양을 관찰하는 활동

⑦ 조작·구성하는 활동

카드를 사용해서 정리하거나 지도에 주요한 건물·인물들을 배치하는 등 역사적 사실을 조작하거나 구성하는 것으로서, 역사적 사실을 연결하거나 그 의미를 생각하는 활동이다.
- 실학자들의 생각을 카드에 적어서 분류·정리하는 활동
- 임진왜란이나 한말에 의병을 일으킨 사람의 이름과 고향을 지도에 표시하는 활동

⑧ 먹어보는 활동

음식물을 실제로 먹어서 맛을 보거나 맛의 차이를 확인하는 활동이다.

- 일제 시대에 선조들의 독립 운동 생활을 학습하면서 '주먹밥'을 만들어 먹어보는 활동

⑨ 실험으로 확인하는 활동

자신 주위의 역사적 사실이나 현상을 실험하거나 측정해서, 그 상태를 확실하게 확인하거나 다른 측면에서 조사하는 활동이다.

⑩ 키우는 활동(재배활동)

주로 작물을 키우는 활동이다.

- 조선 후기 농사 기술을 학습하면서, 모내기 법과 골뿌리기 법으로 작물을 재배하는 활동

⑪ 지역 인사들과 접촉하는 활동

지역의 인사들로부터 옛날 이야기를 듣거나 질문할 뿐만 아니라 함께 활동한다.

- 지역의 옛 생활이나 현대사를 체험한 사람으로부터 인터뷰해서 조사하는 활동

⑫ 작품으로 완성시키는 표현 활동

표현하는 활동은 이미 앞에서 소개한 체험적·작업적 활동과 일치하는 것이 많다. 여기에서는 편의상 조사한 것을 종합한다는 의미 정도로 협의로 받아들인다. 다음처럼 언어, 신체, 도표, 영상 등을 도

입한 활동을 들 수 있다.
- 의논, 발표, 토론 등 주로 언어를 중심으로 한 표현 활동
- 그림지도, 종이 연극, 신문, 파노라마, 그림책, 팸플릿, 연표, 역사 지도, 만화, 그림 등 주로 문자나 그림 등을 사용한 표현 활동
- 극화, 놀이 활동, 동작화, 실체험 등 손이나 발, 몸을 사용한 표현 활동
- 토기 만들기나 입체 모형 등 입체적으로 표현하는 활동

이러한 활동을 어린이들에게 촉구하면, 예상 외로 시간이 많이 걸리는 문제가 있어 언제까지 기다릴 수만은 없을 것이다. 습득하고 싶은 학습내용, 지금까지의 어린이의 경험, 타 교과에서의 표현 활동 상황, 잉여 시수 등과의 연관을 고려해서 선택하여 도입하면 좋을 것이다. 또한 종합적인 학습 시간을 활용한 발전적 학습으로 위치를 부여하는 것도 생각될 수 있다.

〈표 11〉 활동·체험 중심의 역사수업 방법

활동	내용
관찰·조사 활동	지역의 유적·유물, 박물관, 자료관
자료 활용 활동	자료의 수집·작성·이용
표현 활동	발표, 토론, 글짓기, 편지쓰기, 역할극
작업 활동	연표·지도·팸플릿·역사신문 제작, 물건 만들기
실천 활동	행사 참가, 발표회·전람회 실시
청취 활동	증인 청취, 비디오·TV 시청
기타	독서회, 문제 만들기, 시뮬레이션, 게임

2. 원시생활 체험하기

1) 원시생활 체험방법

원시생활을 체험하는 학습방법은 최근에 각지에서 다양하게 실시되고 있다. 특히 전국의 주요 박물관에서 '어린이 박물관', '어린이 박물관 학교', '체험 마당', '체험학습 프로그램' 등을 운영하면서, 어린이들이 원시생활을 체험할 수 있는 기회가 열리게 되었다.

가령, 국립중앙박물관의 어린이 박물관에서는 어린이들이 우리 전통 문화와 역사에 대한 이해를 바탕으로 창의적인 상상력을 극대화할 수 있는 다양한 교육프로그램을 운영하고 있다. 그와 관련하여 ① 역할 놀이를 통한 '족장회의', ② 고대의 악기 및 모발 등을 만들어 보는 '삼국시대 오케스트라', ③ '선사무늬 모빌 만들기', ④ 선사 시대의 생활상을 엿보는 '선사 시대 농사짓기', ⑤ 고고학자가 되어 보는 '우리는 고고학자 가족', ⑥ 전래 동화를 들려주는 '박물관 이야기 교실', ⑦ '도전! 체험하기' 등의 교육프로그램을 접할 수 있다.

그리고 국립광주박물관에서는 '어린이 박물관'의 체험학습 과정으로 ① 자연과 인간—불을 찾아서, ② 발굴 탐험대, ③ 토기 만들기, ④ 문화재 퍼즐 맞추기, ⑤ 전통 가옥 짓기, ⑥ 감각과 느낌, ⑦ 내가 주인공 등을 운영하고 있다. 이 가운데 '자연과 인간—불을 찾아서'에서는 광주 신창동에서 출토된 발화대를 근간으로 선사 시대 불 피우는 방법에 대해 이해하도록 하고, 활비비를 이용하여 불을 피우는 원리와 불의 쓰임새를 살펴보도록 하였다.

이러한 여러 가지의 방법 가운데, 학교 현장에서 학습의 시간과 공간 및 어린이들의 수준을 고려하여 실행할 수 있는 것으로 '토기 만들기', '석기 만들기', '나무 열매의 껍질을 벗겨서 먹기', '움집 만들기',

'실 뽑기와 옷감 만들기' 등을 들 수 있다. 이러한 활동을 체험을 통해 어린이들은 옛날 사람들의 생활에 대한 이해를 깊게 할 수 있을 것이라고 생각한다.

그러나 40분 1시간 수업으로 학습을 마친다는 것은 쉽지 않을 것이다. 타 교과와 통합하여 실행하면 시간 확보가 용이할 것 같다. 그리고 공부하는 일반 교실에서 이러한 일을 한다는 것도 쉬운 일은 아니다. 공작실이나 사회과 전용 실습실이 있으면 좋을 것이다.

2) 불 피우기

원시생활을 체험할 수 있는 여러 가지 방법 가운데 '불 피우기'를 해보았다. 오늘은 "아주 오랜 옛날 사람들의 생활을 확인해 봅시다"라고 말을 하며 불 피우기 체험을 시작했다.

불 피우기 체험학습에 들어가기 전, 석기 시대 사람들의 생활을 묘사한 상상도를 보고, 어린이들은 여러 가지 의논을 한다. 먹는 것은 어떻게 했을까? 옷은? 가족은? 이러한 것들에 대해서 진지하게 의논한다. 어떤 어린이가 아궁이 불의 존재가 생각난다고 한다. 그래서 불의 역할에 대해 생각하기로 한다.

> "멧돼지나 사슴 고기를 굽거나 나무 열매를 익힐 때에 사용한다."
> "먹는 것을 날로 먹지 않고 잘 살았다."
> "겨울에 난방에 사용했다고 생각한다."
> "전기가 없어서 조명에 사용하지는 않았는지."
> "여러 개 불을 피워서 이리 등의 동물이 습격해 오는 것을 막는다고 하는 말을 책에서 읽은 적이 있다."

여러 가지 의견이 나왔다. 그 결과 아주 오랜 옛날 사람들에게 불은 없어서는 안 되는 것으로 매우 중요한 역할을 했다는 것이 판명되었다. 그래서 아주 옛날 사람들은 어떤 방법으로 불을 피웠을까 라고 하는 것에 생각이 옮겨갔다.

불 피우는 방법을 검토해 보았다. ① 부싯돌 이용하기, ② 손으로 비비기, ③ 활비비 이용하기 등 세 가지 방법이 발견되었다. 이 중에서 나무와 나무를 함께 문질러 불을 피우는 '손으로 비비기' 방법을 어린이 자신들이 가능하다고 말했다. 그래서 이 방법을 체험하도록 했고, 이를 위해 짚 부스러기와 막대기를 준비했다.

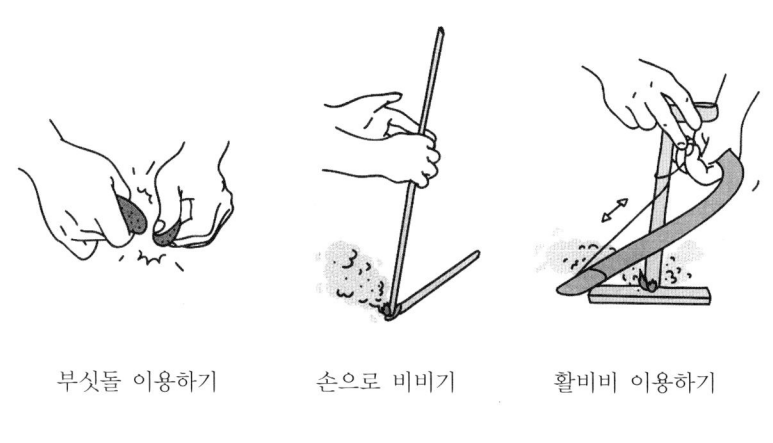

부싯돌 이용하기   손으로 비비기   활비비 이용하기

〈불 피우는 방법〉

드디어 체험학습이 시작되었다. 교실에는 자색(紫色)의 연기가 자욱하고 나무 탄 냄새가 감돌기 시작했다. 어린이들은 땀을 흘리며 열심히 나무와 나무를 힘을 합쳐 문지르고 있었다. 잠시 후 연기가 나왔다. 친구들이 황급히 말린 짚 부스러기를 짚어서 왔다. 입을 가깝게 대고, 바람을 불어보았다. 그래도 짚에 불은 붙지 않았다.

"지쳤다."
"교대하자."
"왜 불이 붙지 않는거지."

별도의 그룹은 회전식 활비비를 돌리고 있었다. 이 그룹은 발화구에 활비비를 넣고 열심히 돌렸다. 짚 부스러기가 거무스름하게 타기 시작했다. 빨간 불이 붙었다. 어린이들은 이때뿐이라는 듯이 열심히 입으로 바람을 세차게 불었다. 홈과 짚 부스러기에서 불꽃이 올라왔다. 그것은 순식간에 큰 불꽃으로 변하고, 짚 부스러기는 활활 타기 시작했다.

"만세!"
"됐다!"

어린이들이 환호성을 질렀다. 다른 그룹의 아이들도 작업을 중지하고 모였다. 모두 매우 기뻐했다. 가만히 불을 보고 있는 어린이도 있었다.

3) 불 피우기에서 배우는 것

불 피우기의 수업이 끝난 후에 교사는 감상문을 쓰게 했다. 어린이들은 다음과 같은 감상을 썼다.

"나는 불 피우기를 해 보아서 원시 시대 사람들이 불을 피울 때 겪었던 노고의 일부를 알게 되었다고 생각한다. 나는 1시간 걸려서도 불이 붙지 않았다. 원시인은 우리들이 사용한 끈이 아니고, 송곳 모양을 손으로 돌릴 뿐이어서, 몇 시간 걸렸을 것이라고 상상만 해도 마음이 아프다. 나는 몇 번이고 실패해서 싫어지고, 몇 번이고 그만두고 끝내려고 생각했다."

"불 피우기 방법을 책에서 보았던 때는 간단하게 생각했었다. 그렇지만 스스로 해 보니, 쉽게 짚에 불이 붙지 않았다. 손이 지쳐서 그만두었다. 그렇지만 짚이 불에 탈 때는 상당히 기뻤다. 원시 시대 사람들도 이러한 기분이 들었을 것이라고 생각했다."

어느 쪽도 순박한 표현에 불과하지만, 아주 옛날 사람들의 노고를 알고 감상문을 쓰고 있다. 머리 속으로 '저렇게 하면 불이 일어나겠지'라고 당연히 발화가 될 것처럼 쉽게 생각해서 시작했지만, 실제로는 매우 시간이 걸리고 체력과 지력이 필요하다는 것을 실감했을 것이다. 이런 방법으로 체험적 활동을 하면, 아주 옛날 사람들의 생활을 구체적이고 생생하게 이해할 수 있을 것이다.

참고문헌

1. 국문

강봉룡, 「초등학교 향토사교육의 실제와 지향점」, 『역사교육』 87, 2003.
교육인적자원부, 『사회과 교육과정』, 1997.
교육인적자원부, 『사회과 교육과정』, 2007.
김덕진, 「학생자작 연표학습의 의의와 전개 방안」, 『사회과교육』 42-3, 2003.
김 돈, 「한국사학과 국사교육의 관계 재정립」, 『한국사론』 31, 2001.
김만곤, 『사회과 교육의 실제』, 대한교과서주식회사, 2002.
김영한, 「인문학의 위기와 역사교육」, 『역사와 현실』 20, 1996.
김종환, 「유형문화재 모형제작수업모형에 대한 실행 연구」, 경인교대 석사학위 논문, 2004.
김한종, 「추체험, 대안적 역사 수업 방법인가」, 『역사교육』 49, 2000.
김한종, 『역사왜곡과 우리의 역사교육』, 책세상, 2001.
김한종, 『역사교육과 역사인식』, 책과 함께, 2005.
김한종, 『역사수업의 원리』, 책과 함께, 2007.
민 윤, 「초등학교 역사교육의 실태」, 『역사교육』 87, 2003.
박명숙, 「가족사를 통한 시간개념 학습모델 개발」, 한국교원대 석사학위논문, 1999.
박인현, 『초등사회과교육』, 교육과학사, 2001.
배한극 역, 『역사하기』, 아카데미프레스, 2007.
송상헌, 「초등학교 역사교육 편제와 내용의 계열화 문제」, 『역사교육』 87, 2003.
송춘영, 『역사교육의 이론과 실제』, 형설출판사, 2000.

안지원, 「초등학교 교과서의 역사 영역 서술과 문제」, 『역사교육』 87, 2003.
양금주, 「초등 사회과 향토사 교육의 현황」, 『지방사와 지방문화』 5-2, 2002.
양호환, 『역사교육의 이론과 방법』, 삼지원, 1997.
양호환, 「사회변화와 역사교육의 방향」, 『역사교육논집』 26, 2001.
양호환, 「역사교육의 목적을 다시 묻는다」, 『역사교육』 99, 2006.
왕현종, 「초등학교 역사교육의 문제점과 대안적 모색」, 『역사비평』 53, 2000.
유승광, 「향토사교육 연구 현황과 과제」, 『역사와 역사교육』 5, 2000.
윤형숙, 「가족사를 통해 본 지방사」, 『한국문화인류학』 33-2, 2000.
이기백, 『역사교육, 무엇을 어떻게 가르칠까』, 소화, 2000.
이원순, 『사회과교육』, 서울대학출판부, 1975.
이원순, 「국사교육의 내용선정의 문제」, 『역사교육』 28, 1980.
이원순, 『역사교육론』, 삼영사, 1980.
이찬희, 「역사의식의 개념과 역사교육」, 『사회과교육』 22, 1989.
장계영, 「제작학습을 통한 상상적 역사이해」, 한국교원대 석사학위논문, 2004.
장인숙, 「가정유물을 활용한 생활사 학습 방안」, 한국교원대 석사학위논문, 2004.
전국역사교사모임, 『우리 아이들에게 역사를 어떻게 가르칠 것인가』, 휴머니스트, 2002.
전혁진, 「주제접근법을 적용한 인물교재의 지도방안 연구」, 『역사교육론집』 26, 2001.
정병기, 『초등 사회과 교육의 이론과 실제』, 교육출판사, 1998.
정선숙, 「역사적 상상력 신장을 위한 초등 사회과 역사 수업 방안」, 한국교원대 석사학위논문, 2004.
정선영, 「학습자 중심 역사교육의 과제와 방향」, 『역사교육논집』 26, 2001.
정선영, 『역사교육의 이해』, 삼지원, 2001.
최상훈, 「역사적 사고력의 하위범주와 역사학습목표의 설정방안」, 『역사교육』 72, 2000.
최상훈, 『역사교육의 내용과 방법』, 책과 함께, 2007.
최완기, 『역사교육과 학습내용의 선정』, 느티나무, 2002.
최용규 역, 『삶이 있는 사회과 교육』, 학지사, 2004.
최천심, 「역사적 상상력 신장을 위한 인터뷰 극화학습 프로그램 개발」, 한국교원대 석사학위논문, 2002.

한경자, 「역사이해·역사의식 발달을 위한 교수방법의 탐색」, 『이원순교수정년 기념 역사학논총』, 교학사, 1991.
한철호 역, 『역사적 사고와 역사교육』, 책과 함께, 2006.
황홍섭, 『초등 사회과 교재연구』, 세종출판사, 2004.

2. 일문

岡崎誠司, 「'人物評價過程'を取り入れた人物學習の改善」, 『社會科研究』 41, 1993.
高野尙好, 「歷史學習における人物の扱い方に關する硏究」, 『筑波大學校敎育論集』 16, 1993.
古錢良一郎, 『最新社會科指導法(小學校編)』, EXP, 2002.
谷川彰英, 『小學校地域學習の授業づくり』, 東京書籍, 1991.
溝上泰, 『歷史學習の敎材と指導のアイデア』, 明治圖書, 1995.
吉田正生, 「新しい人物學習の構想」, 『社會科研究』 58, 2003.
大庭隆志, 「槪念探求型人物學習の授業構成における方法論的考察」, 『社會系敎科敎育學硏究』 2, 1990.
木川達爾, 『社會科授業の構造と展開』, 新光閣書店, 1968.
飯田彰, 「歷史人物學習をどう進めるか」, 『歷史地理敎育』 640, 2002.
北俊夫, 『小學校新敎育課程の解說』(社會), 第一法規, 1999.
北俊夫, 『歷史に對する理解と愛情を育てる小學校・歷史學習の改革』, 明治圖書, 1999.
北俊夫, 『あなたの社會科授業は基礎・基本を育てているか』, 明治圖書, 2005.
上之園强, 「小學校歷史學習の內容の嚴選とカリキュラム構成」, 『社會科研究』 53, 2000.
星村平和, 『小學校 歷史學習の理論と實踐』, 東京書籍, 1991.
小原友行, 「意思決定力お育成する歷史授業構成」, 『史學研究』 177, 1987.
岩田一彦, 『小學校 社會科の授業分析』, 東京書籍, 1993.
日台利夫, 『社會科授業技術の理論』, 明治圖書, 1981.
佐藤正志, 『歷史を體驗する授業』, 國土社, 1997.
佐藤照雄, 『社會科敎育の理論と實踐』, 東洋館出版社, 1988.

3. 영문

Carol SeeFeldt, *Social Studies for the Preschool/Primary Child*, pearson merrill prentice hall, 2005.

James J. Zarrillo, *Teaching Elementary Social Studies*, Prentice-Hall, 2000.

Julie Davies and Jason Redmond, *Coordinating history across the primary school*, Falmer Press, 1998.

June R. Chapin Rosemary G. Messick, *Elementary Social Studies*, Allyn & Bacon, 2002.

Linda S. Levstik, Keith C. Barton, *DOING HISTORY*, Lawrence Erlbaum Associates, 2001.

M. Gail Hickey, *Bringing History Home*, Allyn & Bacon, 1999.